ケーススタディでみる
貸倒損失の税務

税理士 鈴木 博 著

税務研究会出版局

はしがき

　法人が経済活動を行っていく中で、貸倒れは、避けて通ることのできない重要なリスクの一つであるといえよう。法人が営業上又は営業外で有することとなる売掛金、貸付金等の金銭債権が回収不能の状態に陥った場合には、経営戦略上の問題を生じ、一種の経営判断を求められることとなる。

　法人税の主要な課税標準である各事業年度の所得金額の計算上、貸倒れによる損失はその発生した事業年度の損金の額に算入すべきとされているのであるが、現実問題として、「回収不能の事実」が生じたのか否かという判断には困難が伴う場合が少なくない。

　また、近年の倒産法制の整備に伴う法的整理の手続のほかに、私的整理のガイドライン等に則った形での整理手続も多く利用されるようになってきた。こういった整理手続の中で行われる債権放棄には、貸倒損失とはいえないが、子会社等の再建のため行われる合理的再建計画に基づく経済的利益の供与として寄附金に該当しないとされるものもある。

　本書は、不良債権を巡る法人税法上の問題を、できるだけ体系的に整理するとともに、これに対応したケーススタディにより税務上の具体的な取扱いを解説することとした。

　本書が、企業の経理担当者や税務に携わる方々にとって些かなりともお役に立てれば幸甚である。

　なお、内容については、時間的な制約もあり、不十分な点、意を尽くせなかった部分や著者独自の考え方による部分も多々あろうかと思うが、今後大方の叱正をいただき、ケーススタディの充実を図るなど、改訂の機会を得たいと考えるものである。

　終わりに、本書の企画・編集・校正にご尽力いただいた出版社の諸氏に厚く御礼申し上げる次第である。

令和元年8月23日

　　　　　　　　　　　　　　　　　　　　　　　鈴　木　　博

目　次

第1部　総　論

I　貸倒損失 …………………………………………………………… *2*

1　概　要 ……………………………………………………………… *2*

2　貸倒れの判定基準 ………………………………………………… *3*

(1)　金銭債権の全部又は一部の切捨てをした場合の貸倒れ
　　（法律上の貸倒れ）…………………………………………… *3*

(2)　回収不能等の貸倒れ（事実上の貸倒れ）………………… *8*

(3)　一定期間取引停止後弁済がない場合等の貸倒れ
　　（売掛債権の特例）…………………………………………… *12*

(4)　破産手続における貸倒処理 ………………………………… *13*

II　金銭債権の評価損・貸倒引当金 ……………………………… *15*

1　概　要 ……………………………………………………………… *15*

2　金銭債権の評価損 ………………………………………………… *15*

(1)　法的整理の事実 ……………………………………………… *15*

(2)　会社更生法等の規定による更生計画認可の決定があった
　　場合 ……………………………………………………………… *17*

(3)　民事再生法の規定による再生計画認可の決定その他
　　これに準ずる事実が生じた場合 …………………………… *17*

3　貸倒引当金 ………………………………………………………… *20*

(1)　概　要 ………………………………………………………… *20*

(2)	適用対象法人	21
(3)	貸倒引当金共通事項	26
(4)	個別評価金銭債権に係る貸倒引当金	29
(5)	一括評価金銭債権に係る貸倒引当金	35
(6)	組織再編成が行われた場合の貸倒引当金の取扱い	41

Ⅲ 債権放棄等と寄附金 …………………………………… 44

1 概　要 …………………………………………………… 44
2 子会社等を整理・再建する場合の債権放棄 ……………… 48
 (1) 子会社等を整理する場合 ……………………………… 48
 (2) 子会社等を再建する場合 ……………………………… 49
3 災害の場合の取引先に対する売掛債権の免除等 ………… 51
4 不良債権の譲渡 ………………………………………… 51
 (1) 譲渡した事実 …………………………………………… 52
 (2) 譲渡価額 ………………………………………………… 53
 (3) 譲受法人の処理 ………………………………………… 54
 (4) グループ法人税制との関係 …………………………… 55
5 デット・エクイティ・スワップ（DES） ……………… 57
 (1) 概　要 …………………………………………………… 57
 (2) 税務上の取扱い ………………………………………… 58

Ⅳ その他 ……………………………………………………… 59

1 ゴルフ会員権 …………………………………………… 59
2 相当期間未収が継続した場合の貸付金利子等の帰属時期の特例 …………………………………………………… 60
3 債務免除を受けた債務者側の課税関係 ………………… 62

目 次

 (1) 青色欠損金等の繰越控除 …………………………………………… *62*
 (2) 会社更生法等による債務免除等があった場合の欠損金額の
   控除 ……………………………………………………………………… *64*

第2部　ケーススタディ

I 貸倒損失の判断基準 ……………………………………………… *70*

1 法律上の貸倒れ ………………………………………………… *70*

- **Case I-1-1** 更生計画認可決定前の債権放棄 …………………… *70*
- **Case I-1-2** 再生計画により一定弁済後に切り捨てられる
       債権の貸倒れ ………………………………………… *72*
- **Case I-1-3** 破産手続中の債権放棄 ……………………………… *74*
- **Case I-1-4** 更生会社に保証人がいる場合の貸倒損失 ………… *76*
- **Case I-1-5** 特別清算の場合の個別和解による債権放棄 ……… *78*
- **Case I-1-6** 債権者集会の協議決定における合理的な基準 …… *80*
- **Case I-1-7** 債務超過状態の「相当期間」等 …………………… *81*
- **Case I-1-8** 「個人版私的整理ガイドライン」に基づく
       債権放棄 ……………………………………………… *83*
- **Case I-1-9** 弁護士等のあっせんにより債権の切捨て等の
       契約を締結した場合 ………………………………… *85*
- **Case I-1-10** 法律上の貸倒れの申告調整による損金算入 ……… *86*
- **Case I-1-11** 特定調停による債務免除額の貸倒処理 …………… *87*
- **Case I-1-12** 特定調停における「回収することができない場合」
        …………………………………………………………… *90*
- **Case I-1-13** 時効の援用を受けた場合の貸倒損失 ……………… *92*

目　次

| Case Ⅰ-1-14 | 同族会社の代表者に対する貸付金の貸倒処理 …… 94 |

2　事実上の貸倒れ … 95

Case Ⅰ-2-1	事実上の貸倒れの取扱いにおける留意事項 ……… 95
Case Ⅰ-2-2	建物の賃貸借契約の解除に伴う相殺後の保証金の貸倒損失 …………………………………………… 98
Case Ⅰ-2-3	保証債務に係る貸倒損失 ………………………… 100
Case Ⅰ-2-4	法人が取引先等の債務に係る保証債務を弁済した場合 …………………………………………… 101
Case Ⅰ-2-5	劣後抵当権の担保物がある場合 ………………… 102
Case Ⅰ-2-6	保証人がいる場合 ………………………………… 104
Case Ⅰ-2-7	破産手続終結前の貸倒損失 ……………………… 106
Case Ⅰ-2-8	破産手続の同時廃止の場合 ……………………… 108
Case Ⅰ-2-9	破産会社に対する物上保証人の求償権 ………… 110
Case Ⅰ-2-10	代表者名で債務保証した下請業者の債務を法人が弁済した場合 ………………………… 112

3　売掛債権の特例 … 113

Case Ⅰ-3-1	売掛債権の特例の対象範囲 ……………………… 113
Case Ⅰ-3-2	代理店契約の破棄を理由とした支払拒絶を受けている売掛債権 ……………………… 114
Case Ⅰ-3-3	継続的な取引の判定 ……………………………… 115
Case Ⅰ-3-4	期限の定めのない場合の最後の弁済期 ………… 116
Case Ⅰ-3-5	取引停止から1年を経過していない中間決算で損金経理をした場合 ……………………… 117
Case Ⅰ-3-6	手形の書換えに応じた場合 ……………………… 119
Case Ⅰ-3-7	担保物がある場合 ………………………………… 120
Case Ⅰ-3-8	備忘価額の意義 …………………………………… 122

目 次

- **Case I-3-9** 備忘価額の処理 …………………………………… *123*
- **4 貸倒損失計上の時期・その他** ………………………… *125*
  - **Case I-4-1** 破産手続終結による貸倒損失の時期 …………… *125*
  - **Case I-4-2** 非更生債権となった金銭債権の取扱い ………… *126*
  - **Case I-4-3** 特別清算法人に対する貸倒損失の時期 ………… *127*
  - **Case I-4-4** 前期に損金経理して自己否認した場合の当期の処理 ……………………………………………………… *129*
  - **Case I-4-5** 個別貸倒引当金を計上していた金銭債権に貸倒れが発生した場合 ………………………………… *131*
  - **Case I-4-6** 非適格分割により移転を受けた売掛金に貸倒れが発生した場合 …………………………………… *133*
  - **Case I-4-7** 元従業員の横領行為による損害賠償請求権の貸倒損失 ………………………………………………… *135*
  - **Case I-4-8** 葬祭業における貸倒損失の計上時期 …………… *137*

II 貸倒引当金 ………………………………………………… *139*

- **1 貸倒引当金制度の対象法人** ……………………………… *139*
  - **Case II-1-1** 対象法人となる中小法人の範囲（大法人の100％子会社の場合） ………………… *139*
  - **Case II-1-2** 対象法人となる中小法人の範囲（投資事業有限責任組合が株主である場合）…… *141*
  - **Case II-1-3** 対象法人となる中小法人の範囲（株式の持合いがある場合）………………………… *143*
- **2 個別評価金銭債権に係る貸倒引当金** ………………… *145*
  - **Case II-2-1** 長期棚上げの起算日 ………………………………… *145*
  - **Case II-2-2** 5年経過後弁済額の計算 ………………………… *147*

目 次

CaseⅡ-2-3	長期棚上げの再生債権について当初貸倒引当金の繰入れをしなかった場合 ……………………… *150*
CaseⅡ-2-4	再生計画において再生手続終結時に切り捨てられる債権 …………………………………… *152*
CaseⅡ-2-5	特定調停において弁済期限の延長等が行われた場合 ………………………………………… *154*
CaseⅡ-2-6	個別評価金銭債権に係る貸倒引当金における担保物の評価 …………………………………… *156*
CaseⅡ-2-7	個別評価金銭債権に係る貸倒引当金の損金算入時期 ………………………………………… *157*
CaseⅡ-2-8	一部回収が見込まれる金銭債権について全額を貸倒損失とした場合 ………………………… *158*
CaseⅡ-2-9	関係会社に対する貸倒引当金繰入額が寄附金認定されるか ………………………………… *160*
CaseⅡ-2-10	手形交換所の取引停止と繰入れの時期 ………… *161*
CaseⅡ-2-11	外国法人が外国の手形交換所の取引停止処分を受けた場合 …………………………………… *162*
CaseⅡ-2-12	手形交換所の取引停止後に取引再開があった場合の形式基準による繰入れ ………………… *163*

3　一括評価金銭債権に係る貸倒引当金 ……………………………… *165*

CaseⅡ-3-1	電子マネー等による決済の場合の未収入金に係る貸倒引当金 ……………………………… *165*
CaseⅡ-3-2	一括貸倒引当金の対象債権 ………………… *167*
CaseⅡ-3-3	貸倒実績率の計算 ── 子会社等に対する整理損 ── ……………… *169*

目　次

CaseⅡ-3-4	貸倒実績率の計算 ― 適格合併があった場合 ―	171
CaseⅡ-3-5	法定繰入率と貸倒実績率の選択適用	173
CaseⅡ-3-6	法定繰入率を適用する場合の「主たる事業」	174
CaseⅡ-3-7	法定繰入率を適用する場合の「実質的に債権とみられない金額」の簡便計算	176

Ⅲ　債権放棄と寄附金 …… 179

1　寄附金 …… 179

CaseⅢ-1-1	貸倒損失と寄附金の区分	179
CaseⅢ-1-2	弁済率が僅少である場合の貸倒損失計上の可否	181
CaseⅢ-1-3	休業中の子会社に対する売掛金の債権放棄	183
CaseⅢ-1-4	債権放棄と寄附金処理	185
CaseⅢ-1-5	子会社に対する金銭債権の貸倒損失等	187
CaseⅢ-1-6	下請業者との取引停止による債権の一部放棄	189
CaseⅢ-1-7	得意先に対する売掛金の一部放棄	191

2　子会社等を整理・再建する場合の債権放棄 …… 193

CaseⅢ-2-1	子会社を整理する場合の債権放棄	193
CaseⅢ-2-2	子会社を解散・整理する場合の貸付金の処理	196
CaseⅢ-2-3	特定外国子会社等の整理損失	199
CaseⅢ-2-4	子会社を整理する場合の債権放棄等	202
CaseⅢ-2-5	子会社の債務を弁済した場合	204

CaseⅢ-2-6	子会社再建のための合理的な再建計画 ………… *206*
CaseⅢ-2-7	子会社を再建する場合の債権放棄等とグループ法人税制 ……………………………………… *210*
CaseⅢ-2-8	子会社等の再建支援のために不良債権を帳簿価額で買い取る場合 ……………………… *211*

3 災害の場合の取引先に対する売掛債権の免除等 ……… *213*

| CaseⅢ-3-1 | 風水害による被害を受けた取引先に対する売掛金の一部免除 ……………………………………… *213* |

4 不良債権の譲渡 …………………………………………………… *215*

CaseⅢ-4-1	兄弟がそれぞれ代表者である会社間の不良債権 …………………………………………………………………… *215*
CaseⅢ-4-2	不良債権が第三者に譲渡された場合の債務者における債務消滅益 ………………………………… *217*
CaseⅢ-4-3	グループ法人税制における不良債権の譲渡 …… *219*

5 デット・エクイティ・スワップ（DES） ……………… *222*

CaseⅢ-5-1	更生会社に対する金銭債権をDESにより株式と交換した場合 ……………………………………… *222*
CaseⅢ-5-2	民事再生手続における再生計画に基づいて金銭債権をDESにより株式と交換した場合…… *224*
CaseⅢ-5-3	適格現物出資に該当する金銭債権の現物出資 … *226*

Ⅳ その他 ……………………………………………………………… *228*

1 ゴルフ会員権 …………………………………………………… *228*

| CaseⅣ-1-1 | 民事再生手続が行われた場合のゴルフ会員権の処理 ……………………………… *228* |

目　次

　　CaseⅣ-1-2　更生債権（預託金制ゴルフ会員権）の貸倒損失
　　　　　　　　………………………………………………………… *230*
　　CaseⅣ-1-3　ゴルフ会員権の預託金の一部返還に伴う処理
　　　　　　　　………………………………………………………… *232*
 2 　相当期間未収が継続した場合等の貸付金利子等の帰属時期の
　　特例 ……………………………………………………………… *234*
　　CaseⅣ-2-1　利息の棚上げが行われた場合の未収利息 ……… *234*
　　CaseⅣ-2-2　グループ法人間における貸付利息の棚上げ …… *236*
 3 　債務免除を受けた債務者側の課税関係 …………………… *238*
　　CaseⅣ-3-1　会社更生法による債務免除を受けた場合の
　　　　　　　　欠損金の控除 ………………………………………… *238*
　　CaseⅣ-3-2　民事再生法による債務免除を受けた場合の
　　　　　　　　欠損金の控除 ………………………………………… *242*
　　CaseⅣ-3-3　整理計画により切り捨てられた債務を
　　　　　　　　弁済した場合 ………………………………………… *248*
 4 　その他 ………………………………………………………………… *250*
　　CaseⅣ-4-1　非適格分割により移転を受けた売掛金に
　　　　　　　　貸倒れが発生した場合………………………………… *250*
　　CaseⅣ-4-2　合併の際の架空計上資産の計上と
　　　　　　　　損害賠償請求権 ……………………………………… *252*

参考資料

法人税法（抄） ………………………………………………… *256*
法人税法施行令（抄） ………………………………………… *261*
法人税法施行規則（抄） ……………………………………… *270*
法人税基本通達（抄） ………………………………………… *273*
租税特別措置法（抄） ………………………………………… *287*
租税特別措置法施行令（抄） ………………………………… *287*
個別通達（抄） ………………………………………………… *288*
文書回答事例リスト（貸倒損失関係） ……………………… *289*

―― 凡　例 ――

法令の主な略称は以下のとおりです。

法法…………法人税法
法令…………法人税法施行令
法基通………法人税基本通達
措法…………租税特別措置法
措令…………租税特別措置法施行令
措通…………租税特別措置法関係通達（法人税編）
通則法………国税通則法
民再法………民事再生法
更生特例法……金融機関等の更生手続の特例等に関する法律
特定調停法……特定債務等の調整の促進のための特定調停に関する法律
金融円滑化法…中小企業者等に対する金融の円滑化を図るための臨時措
　　　　　　　　置に関する法律

（注）本書は令和元年6月28日現在の法令・通達によっております。

第1部

総論

第1部　総　論

I　貸倒損失

1　概　要

　貸倒損失とは、営業上又は営業外の金銭債権が回収不能になった場合の損失をいい、法人税法上は、各事業年度の所得の金額の計算上、「損失の額」として損金の額に算入されることとなる（法法22③三）。

　一方、法人税法は、法人が有する資産についての評価損を原則損金不算入とし、特定の場合にのみ、損金経理を要件として評価替えによる評価損の損金算入を認めているが、金銭債権についていえば、さらに限定された場面でしか評価損の損金算入を認めていない（法法33、法令68～68の3、法基通9-1-3の2、なお法法52参照）。

　金銭債権の評価損の計上は、どのような場合に損金算入が認められるかという問題と同時に、その金銭債権のその時点での価値をどのように「評価」するかという問題であり、これはこれでなかなかに困難な問題である。

　これに対し、貸倒損失の計上は、その金銭債権について回収不能の「事実」が生じたかどうかという、優れて事実認定の問題であり、現実問題としては、その判断には相当に困難な面を伴うこととなる。

　そこで、その統一的な処理を行うため、従来から法人税基本通達において、おおむね次のような貸倒れの判定に関する一般的な基準が定められている（法基通9-6-1～9-6-3）。

① 　更生計画若しくは再生計画認可の決定等又は関係者の協議決定などにより、法人の有する金銭債権の全部又は一部について切捨て又は放棄をした場合には、その切捨て又は放棄をした金額は損金の額に算入される（この場合には、金銭債権が法律的に消滅しているので、法人がこ

れを貸倒損失として損金経理しているか否かは問わない。)。
② 金銭債権が法律的には消滅していないが、その債務者の資産状況、支払能力からみて、その全額が回収できないことが明らかになった場合に、法人がこれを貸倒損失として損金経理したときは、これが認められる。
③ 売掛債権について一定の事実が発生し、法人がその売掛債権の額から備忘価額を控除した残額を貸倒損失として損金経理したときは、これが認められる。

2 貸倒れの判定基準

(1) **金銭債権の全部又は一部の切捨てをした場合の貸倒れ(法律上の貸倒れ)**

法人の有する金銭債権について次に掲げる事実が発生した場合には、その金銭債権の額のうち次に掲げる金額は、その事実の発生した日の属する事業年度において貸倒れとして損金の額に算入することとなる(法基通9-6-1)。

① 更生計画認可の決定又は再生計画認可の決定があった場合において、これらの決定により切り捨てられることとなった部分の金額
② 特別清算に係る協定の認可の決定があった場合において、この決定により切り捨てられることとなった部分の金額
③ 法令の規定による整理手続によらない関係者の協議決定で次に掲げるものにより切り捨てられることとなった部分の金額
　イ 債権者集会の協議決定で合理的な基準により債務者の負債整理を定めているもの
　ロ 行政機関又は金融機関その他の第三者のあっせんによる当事者間の協議により締結された契約でその内容がイに準ずるもの

第1部　総　論

④　債務者の債務超過の状態が相当期間継続し、その金銭債権の弁済を受けることができないと認められる場合において、その債務者に対し書面により明らかにされた債務免除額

　貸倒損失が損金の額に算入されるのは、その貸倒れによりその金銭債権が資産価値を喪失するからであり、貸倒れになったかどうかは、第一次的には、その金銭債権が消滅したかどうかにより判定されることとなる。上記①～④の場合には金銭債権が法律的に消滅し、法人がこれを貸倒れとして処理していると否とにかかわらず、その消滅した時点（その事実が発生した事業年度）において損金の額に算入することとなる。したがって、法人がその処理（損金経理）をしていない場合には、申告調整により損金の額に算入（申告書別表四で減算）する必要がある。損金算入時期を法人の都合で決めることはできないということである。

イ　更生計画又は再生計画認可決定による債権の切捨て

　会社更生法は、窮境にある株式会社について、更生計画の策定及びその遂行に関する手続を定めること等により、債権者、株主その他の利害関係人の利害を適切に調整し、そのことによって当該株式会社の事業の維持更生を図ることを目的とするものである（会社更生法1）。

　また、民事再生法は、経済的に窮境にある債務者について、その債権者の同意を得、かつ、裁判所の認可を受けた再生計画を定めること等により、当該債務者とその債権者との間の民事上の権利関係を適切に調整し、そのことによって当該債務者の事業又は経済生活の再生を図ることを目的とするものである（民再法1）。

　これらは、いずれも再建型の倒産処理手続であり、会社更生法の場合は経営者を退任させて経営責任を問い、民事再生法の場合は経営責任は取締役の辞任や個人資産の提供などで対応する。いずれも再建計画に基

づいて会社等の再建が行われるが、万が一再建計画が奏功しなかった場合は、最終的に清算という形を採る。

　この手続の中で、更生計画又は再生計画の認可決定が行われ（会社更生法199、民再法174）、その計画の中に債権の切捨てが盛り込まれ、その計画の認可決定に基づいて債権の切捨てが行われた場合には、その債権は法律的に消滅することとなる。したがって、この場合には、客観的に貸倒れの事実認定ができるのである。

　なお、更生会社等（会社更生法又は金融機関等の更生手続の特例等に関する法律（更生特例法）の適用を受けている法人をいう。以下同じ。）に対して有する債権は、更生手続の開始決定のあった日後裁判所の指定する期限までに届け出なければ、更生債権として更生手続に参加できないこととされている。そのような届出をしなかった非更生債権は、更生計画の定め又は会社更生法若しくは更生特例法の規定によって認められた権利を除き、更生計画認可の決定があった時において消滅することとなっている（会社更生法204、更生特例法125、295）ので、更生計画認可の決定があった日において貸倒れとして処理することとなる（法基通14-3-7）。

ロ　特別清算による債権の切捨て

　特別清算とは、会社法の規定に基づく倒産手続であり、清算の遂行に著しい支障をきたすべき事情があること、又は債務超過の疑いがあることの事由があるときに、債権者、清算人、監査役又は株主の申立てにより裁判所が特別清算命令を発して（会社法510、511、514）、裁判所の監督の下に（会社法519）、集団的に債務整理を行っていく特別な清算手続である。

　債権者集会の可決に加え、裁判所の認可（会社法569）を受けた協定に基づき、債権の一部切捨て、分割弁済などが取り決められる。この場合

においても、裁判所の認可によって債権の切捨てが確定し、その内容に基づいて切り捨てられることとなった債権は、法律的に消滅することとなるから、客観的に貸倒れの事実認定ができ、その切り捨てられることとなった額を貸倒損失として処理することとなるのである。

ハ　関係者の協議による債権の切捨て

　上記イ及びロは、法律の規定に基づいて裁判所の関与の下の整理手続の中で行われる債権の切捨てであるが、法律の規定による整理手続（法的整理）によらない関係者の協議決定で債権の切捨てが行われる場合がある。

　例えば、債権者集会において債権者主導で債務整理が図られるような場合で、裁判所の関与を受けずに、債権者と債務者の合意の下に、主な債権者が債務者の債務整理及び会社再建を図っていくようなケースであり、私的整理と呼ばれる方法である。

　法的整理の場合には債務者の事業基盤が著しく毀損される等のダメージを受けることがあり、私的整理の場合には、債務者のブランド力や商品供給が確保される等の企業価値の減少を最小限にしながら再建することが可能であるという利点があるといわれている。

　私的整理は、法律の規定によらない任意の手続であるところから、債権の切捨てにより債権が法律的に消滅するとしても、協議決定の内容が合理的なものでなければ、これに基づく切捨額の損金算入は認められない点に注意する必要がある。そこで、取扱通達では、上記③のイにおいて「合理的な基準」を要件として、法律上の貸倒れとして取り扱うこととしているのである。

　上記③のイの「合理的な基準」とは、一般的には、全ての債権者についておおむね同一の条件でその切捨額等が定められるようなことをいう

が、例えば、大口債権者についてはより高率で、小口債権者についてはより低率で切捨額等を決定するケースもみられるところであり、利害関係が相対立する第三者間で、その債権の発生原因、債権額の多寡、債権者と債務者との関係などについて総合的に協議し、その協議によって切捨額等が決定されている場合には、切捨割合に差が生じていても「合理的な基準」として容認されると考えられる。

また、債権者集会による協議決定のほかに、行政機関又は金融機関その他の第三者のあっ旋等による当事者間の協議により締結された契約で、その内容が債権者集会の協議決定による負債整理に準ずるものであれば、同様に、法律上の貸倒れとして取り扱われる。

(注) 私的整理による債権放棄については、透明性や公平性に疑義があるという批判や、債権者の合意を取り付けることに相当な労力と時間を要するという指摘もあるところから、企業の私的整理に関する基本的考え方を整理し、私的整理の進め方、対象となる企業、再建計画の内容等について関係者の共通認識を醸成するために、平成13年6月に「私的整理に関するガイドライン研究会」が発足し、同研究会が同年9月に「私的整理に関するガイドライン」を取りまとめ、公表した。これに基づき策定された再建計画に従って債権放棄がされた場合の損失については、「合理的な再建計画に基づく債権放棄等」であり、(貸倒損失ではなく)寄附金に該当しない損失(法基通9-4-2)であるとして損金算入が認められている。

二 債務免除(債権放棄)による債権の切捨て

債務者の債務超過の状態が相当期間継続し、あらゆる回収努力をしたにもかかわらず、弁済を受けられず、担保や保証による回収見込みもない場合には、書面により債務免除の事実を明らかにすることにより、法律的に消滅した債権について、貸倒損失として損金の額に算入することが認められる。

第1部　総　論

　この場合の「相当期間」は、通常3年ないし5年といわれているようであるが、これは回収不能かどうかを判断するために必要な期間ということであって、ケースバイケースで異なってくると思われる。さらに、金銭債権の回収が可能かどうかは、債務者についてその支払能力があるかどうかに基づいて判断すべきものであるから、債務超過の事実（当然に時価ベースでみる）とともに、債務者の資産状態、経営状態、その他の事情を総合的に考慮して判断すべきこととなる。
　その回収が可能な場合には、たとえ債務免除が行われたとしても、その免除額相当額の経済的利益を債務者に無償で供与したものとして寄附金に該当することとなる。ただし、子会社等の整理・再建費用として寄附金に該当しない場合がある（法基通9－4－1～2参照）。
　また、「書面」による債務免除は、必ずしも当事者間の協議により締結された契約による必要はなく、債権者から債務者に対して書面により債務免除の事実を明らかにしていれば足りる。したがって、必ずしも公正証書の公証力のある書面によることは要件とはされていないが、後日のトラブル回避のために、内容証明郵便によって債務免除を行う例が多いようである。

(2)　回収不能等の貸倒れ（事実上の貸倒れ）

　法人の有する金銭債権について、その債務者の資産状況、支払能力等からみてその全額が回収できないことが明らかになった場合には、その明らかになった事業年度において貸倒れとして損金経理をすることができる。この場合において、当該金銭債権について担保物があるときは、その担保物を処分した後でなければ貸倒れとして損金経理をすることはできないものとされている（法基通9－6－2）。
　なお、保証債務は、現実にこれを履行するまでは偶発債務にすぎない

から、これを履行し、かつ、それにより取得する求償権につき貸倒れとなることが確実であると認められるとしても、その履行前において貸倒れの対象とすることはできない（法基通9－6－2（注））。

イ　全額回収不能であることが明らか

　この取扱いは、上記(1)のような法的手段による金銭債権の全部又は一部の切捨てというものがなく、法律的には債権が消滅していないという場合でも、金銭債権の全額の回収不能が明らかとなったときに、帳簿上の貸倒れとして損金経理することを認めるというものである。

　したがって、金銭債権の全部又は一部を免除したときは、その免除額について法人が損金経理すると否とにかかわらず、その免除額が損金の額に算入されるという、事実認定の上で問題になることが比較的少ないと考えられるのに対し、事実上回収不能であることを理由とするこの貸倒れの取扱いは、「債務者の資産状況、支払能力等からみてその全額が回収できないことが明らかになった」かどうかの事実認定においては、実務上問題となる場合が少なくない。

　例えば、債務者について破産、強制執行、整理、死亡、行方不明、債務超過、天災事故、事業再起の見通しがないこと、経済事情の急変等の事実が発生したために回収の見込みがない場合（旧昭25年直法1－100「78の3」）のほか、債務者についてこれらの事実が生じていない場合であっても、個々の債権について具体的に事情に即してその回収可能性を弾力的に判断するという取扱いがされている。

　この取扱いは、その金銭債権の全額が回収できないことが明らかになった場合に、損金経理を要件として認められるものであって、金銭債権に関する評価損の原則禁止規定（法法33①②、法令68①、法基通9－1－3の2）との関係から、その一部の貸倒れが見込まれる場合であっても、そ

第1部　総　論

の一部分についてだけ貸倒処理をするということは認められない。

ロ　損金経理の時期

「（全額が回収できないことが）明らかになった事業年度において貸倒れとして損金経理をすることができる」とされているように、その明らかになった事業年度に損金経理をしないでおいて、その翌事業年度以降において損金経理をするというように、この取扱いを利益操作に利用することは公正妥当な会計処理としては認められない（会社計算規則5④参照）。

したがって、そのような場合には、そのことを理由として否認対象とされるのである。

参　考

　全額回収不能が客観的に明らかであるかどうかを判断する上で、法人税基本通達では債務者側の事情のみが掲げられているが、債権者側の事情が考慮されるべきケースがあり得るとの考え方が平成16年12月24日最高裁判所判決で示されている。すなわち、金銭債権の貸倒損失を当該事業年度の損金の額に算入するためには、「当該金銭債権の全額が回収不能であることを要すると解される。そして、その全額が回収不能であることは客観的に明らかでなければならないが、そのことは、債務者の資産状況、支払能力等の債務者側の事情のみならず、債権回収に必要な労力、債権額と取立費用との比較衡量、債権回収を強行することによって生ずる他の債権者とのあつれきなどによる経営的損失等といった債権者側の事情、経済的環境等も踏まえ、社会通念に従って総合的に判断されるべきものである。」と判示されている。

　しかしながら、一般的には債務者側の事情が大きな比重を占めるという点は否定し得ないものである。筆者の私見ではあるが、そもそも「貸倒損失」が債権者の都合とかかわりのないところで発生する損失（法法22③三）であるという性格からすれば、債権者側の事情を考慮に入れることは貸倒損失の本質になじまないものと考える。

したがって、回収不能であるかの判断において、債権者側のどのような事情をどの程度の重みをもって考慮するかは、個別具体的な事例に沿って総合的に判断されるべきと考える。必要以上に考慮することとなれば、債権者側の都合による恣意的な貸倒損失の計上を許す結果となりかねないからである。特に、判示にある「債権回収を強行することによって生ずる他の債権者とのあつれき」などの事情を考慮すべき場面は極めて限定的に考えるべきであろう。

ハ　担保物が付されている場合

その金銭債権について担保物がある場合には、その担保物を処分し、その処分によって回収した金額を金銭債権の額から控除した残額を貸倒れとして損金経理することとなるから、担保物を処分するまでは回収不能額が不確定であり、この取扱いによる貸倒れ処理をすることは認められない。このような場合には、貸倒引当金制度の適用法人にあっては、「個別評価による貸倒引当金」の設定により処理することとなる（法法52①）。

ただ、担保物からの回収が見込まれず、抵当権等が名目的なものにすぎない場合には、貸倒損失の計上を認めるという弾力的な取扱いが行われている（国税当局から差し支えない旨の回答を得たとの会員銀行への連絡……平成11.3.30付　平11調々第53号　全国銀行協会連合会「貸倒償却および個別貸倒引当金繰入の税務上の取扱いについて」（Ⅰ））。

ニ　保証債務の取扱い

保証債務は、現実にこれを履行した後でなければ貸倒れの対象にすることはできないこととされている。保証債務の履行とは、保証債務の確定ではなく、現実の支払である。

したがって、保証債務が確定していて、これを分割払いで支払うこととなった場合、たとえ求償権の全額が回収できないことが明らかであっ

ても、その全額を貸倒損失として処理することは認められない。分割支払の都度、それによって取得する求償権を段階的に貸倒処理をすることとなる。

(3) 一定期間取引停止後弁済がない場合等の貸倒れ（売掛債権の特例）

債務者について次に掲げる事実が発生した場合には、その債務者に対して有する売掛債権（売掛金、未収請負金その他これらに準ずる債権をいい、貸付金その他これに準ずる債権を含まない。以下同じ。）について法人が当該売掛債権の額から備忘価額を控除した残額を貸倒れとして損金経理をしたときは、これを認めることとされている（法基通9-6-3）。

① 債務者との取引を停止した時（最後の弁済期又は最後の弁済の時が当該停止をした時以後である場合には、これらのうち最も遅い時）以後1年以上経過した場合（当該売掛債権について担保物のある場合を除く。）

② 法人が同一地域の債務者について有する当該売掛債権の総額がその取立てのために要する旅費その他の費用に満たない場合において、当該債務者に対して支払を督促したにもかかわらず弁済がないとき

上記①の取引の停止は、継続的な取引を行っていた債務者につきその資産状況、支払能力が悪化したためその後の取引を停止するに至った場合をいうから、例えば不動産取引のようにたまたま取引を行った債務者に対して有する当該取引に係る売掛債権については、この取扱いの適用はない（法基通9-6-3（注））。

この取扱いは、商品の販売、役務の提供等の営業活動によって発生した売掛金、未収請負金等については、他の一般の貸付金その他の金銭消費貸借契約に基づく債権のように、履行が遅滞したからといって直ちに債権確保のための手続を採るということが事実上困難であると考えられることから、上記のような事情がある場合には、法人が売掛債権につき

I　貸倒損失

備忘価額を付して、残額を貸倒れとして損金経理をしたときに、これを認めるという、売掛債権についてのみ認められる特例的な取扱いである。

また、売掛債権について、貸倒引当金制度の適用法人が、「個別評価による貸倒引当金」を繰り入れている場合であっても、その取引停止又は最後の弁済時以後1年以上を経過したときは、その売掛債権についてこの取扱いにより改めて貸倒れの処理ができる。

なお、この貸倒れの処理は、法律上も有効に存在する債権について一応回収不能とみて貸倒処理を認めるという取扱いであるから、売掛債権が債務免除又は実際に回収が見込めないため貸倒れとなるまでの間は、備忘価額を付さなければならないこととされている。この点について、補助簿の整理、その貸倒れとした金額についての債務者別の明細とその後の回収状況等の経理を明らかにすることは、企業における会計処理上当然に行われるべきものであろう。

(4)　**破産手続における貸倒処理**

上記(1)の法律上の貸倒れにおいて述べた法人税基本通達9-6-1には、破産手続における貸倒れについて触れられていないが、これは、破産法に基づく破産手続には「債権の切捨て」という手続が存在しないからであり、債務者について破産手続が行われた場合に貸倒損失の計上が認められないということではない。

破産手続開始後、破産債権者はその有する破産債権について配当を受けることになるが、配当を受けることができないと認められる部分の金額を債権放棄した場合には、上記(1)の④により、債権放棄額を貸倒損失として損金の額に算入できる。

また、破産管財人から配当額ゼロの証明がある場合、又はその証明が受けられない場合で債務者の資産処分が終了し今後の回収が見込まれな

13

いまま破産終結までに相当の期間がかかるというときは、破産手続終結前であっても配当がないものとして上記(2)によりその全額を損金経理することにより貸倒損失として損金の額に算入できる（国税当局から差し支えない旨の回答を得たとの会員銀行への連絡……平成11.3.30付 平11調々第53号 全国銀行協会連合会「貸倒償却および個別貸倒引当金繰入の税務上の取扱いについて」（Ⅰ））。

なお、破産手続終結後配当を受けられなかった残債権については、民事再生法等のような債権切捨ての明示の規定はないが、破産手続終結により債務者である法人は消滅することになるから、破産手続終結時に貸倒損失として処理することとなる。

個人破産者については、破産者は免責許可の決定により破産債権について責任を免れることになるから（破産法253）、その確定時に破産者に対する金銭債権は滅失するものとして貸倒損失として処理することとなる（平成20.6.26裁決）。

また、破産手続の同時廃止（破産法216）の場合は、破産者は破産手続費用の支弁すら不可能な状態にあるのであるから、免責許可の決定前であっても、その破産債権の全額が回収不能であるとして、上記(2)により貸倒損失として処理できると考えられる。

Ⅱ 金銭債権の評価損・貸倒引当金

1 概　要

　法人税法は、法人が有する資産の評価換えによる評価損益については、原則として、益金不算入・損金不算入としており（法法25①、33①）、評価損についていえば、①物損等の事実又は法的整理の事実が生じた場合、②会社更生法等の規定による更生計画認可の決定があった場合及び③民事再生法の規定による再生計画認可の決定その他これに準ずる事実が生じた場合に、例外的に評価換えによる評価損の損金算入が認められる（法法33②～④）。

　さらに、金銭債権については上記②及び③の場合、すなわち、その金銭債権を有する債権者である法人自身が経営不振に陥り、更生計画又は再生計画の対象となった場合にのみ評価損の損金算入が認められる（法法33②～④、法令68、68の2、法基通9-1-3の2）。

　一方、企業会計においては、金銭債権の貸倒れの見積額を評価性引当金である貸倒引当金（又は貸倒見積額、回収不能見積額）として繰り入れる慣行が確立されており、法人税法においても、一定要件の下に、法人が有する金銭債権の貸倒れその他これに類する事由による損失の見込額として貸倒引当金勘定に繰り入れた金額の損金算入が認められている（法法52、法令96～98、法規25の2～25の6）。

2 金銭債権の評価損

(1) **法的整理の事実**

　法人の有する資産について、物損等の事実のほかに、その法人自身に

法的整理の事実（更生手続における評定が行われることに準ずる特別の事実をいう。）があった場合において、その資産の評価換えをして損金経理によりその帳簿価額を減額した（評価損を計上した）ときは、その減額した金額は、期末における時価までの減額を限度として損金算入が認められる（法法33②、法令68①）。

平成21年度改正前においては、評価損の計上が認められる資産から、預金、貯金、貸付金、売掛金その他の債権は除かれており（平21年改正前の法法33②）、金銭債権についてはいかなる場合においても評価損の損金算入が認められていなかったが、平成21年度改正により、評価損の損金算入が認められる資産についての制限が撤廃され、金銭債権も評価損計上の対象資産に含まれることとなった。

しかしながら、法文上は必ずしも明らかではないものの、この「法的整理の事実」が生じた場合には、金銭債権については企業会計上も評価損の計上対象とはならず、税務上も評価損の計上対象とはならない（法基通9-1-3の2）。

なお、「法的整理の事実」が生じた場合において、法人がその有する金銭債権の帳簿価額を損金経理により減額したときは、その減額した金額に相当する金額については、貸倒引当金勘定（法法52）に繰り入れた金額として取り扱うこととされている（法基通9-1-3の2（注））。

ここで、「法的整理の事実」とは、「更生手続における評定が行われることに準ずる特別の事実」をいうこととされており（法令68①）、例えば、民事再生法の規定による再生手続開始の決定があったことにより、評定（民事再生法124①）が行われることがこれに該当する（法基通9-1-3の3）。

民事再生手続における「評定」は、あくまで手続開始の決定後、評価換えの基因となる再生計画認可の決定（下記(3)）前に行われるものであり、この段階では、企業会計上も評価損計上上の対象としていないものである。

Ⅱ　金銭債権の評価損・貸倒引当金

(2) 会社更生法等の規定による更生計画認可の決定があった場合

　法人がその有する資産につきその法人自身に係る更生計画認可の決定があったことにより会社更生法又は金融機関等の更正手続の特例等に関する法律の規定に従って行う評価換えをしてその帳簿価額を減額（評価損を計上した）した場合には、その評価換えした部分の金額は、その評価換えをした日の属する事業年度の損金の額に算入される（法法33③）。

　この場合の評価換えの対象資産の範囲に限定は付されていないので、法人が有する金銭債権もその対象となり得る。すなわち、金銭債権を有する（債権者である）法人自身について、更生計画認可の決定があった場合に金銭債権に係る評価損の損金算入が認められ得るということである。これは、この評価換えが法律の規定に基づく資産評定額を資産の取得価額とみなす（会社更生法施行規則1②）など、通常の会社計算規則による資産評価の例外として行われるものであること、原則としてその有する資産の全部を対象に資産評定を行う必要があること（会社更生法83①）、この評価換えを含む更生手続が裁判所や多数の債権者の監視の下で公正に行われるものであることなどから、資産の種類にかかわらず税務上もその資産評定額に基づき評価損を計上することが適切であると考えられるためである。

　なお、条文上損金経理という用語は用いられていないが、上記のとおり、更正手続において評定額が資産の帳簿価額とみなされることを前提として、その評価換えを税務上も認めるという制度であるから、ことさら損金経理要件を課すことまではしていないものである。

(3) 民事再生法の規定による再生計画認可の決定その他これに準ずる事実が生じた場合

　法人について再生計画認可の決定があったことその他これに準ずる事

実が生じた場合において、その法人がその有する資産の価額につき所定の評定を行っているときは、評価損の計上に適さないものとされる一定の資産を除き、再生計画認可の決定があった時又は「準ずる事実」が生じた時の時価までの評価損の損金算入が認められる（法法33④、法令68の2）。

　この場合の対象資産の範囲については、上記(2)と同様、金銭債権もその対象となり得る。これは、この評価損の計上が会社法や企業会計における評価換えを前提として行われるものではないこと、原則としてその有する資産の全部を対象に資産評定を行う必要があること（法令24の2③、68の2②）、この再生手続又は債務処理を行うための手続が裁判所や多数の債権者の監視の下で行われるものであること又は税務上認められた公正な要件の下で行われるものであることなどから、金銭債権もその対処資産の範囲に含まれているものである。

　なお、「評価損の計上に適さないものとされる一定の資産」とは、圧縮記帳の適用を受けた一定の減価償却資産、短期売買商品、売買目的有価証券等である（法令24の2④、68の2③）。

　また、この場合の評価損の計上は税務計算上のものであるため、損金経理は要件とはされておらず、基本的に申告調整によることとなるが、減損会計が適用される場合等において損金経理をすることを妨げるものではないことは当然である。

　この「準ずる事実」とは、その資産（ここでは金銭債権）を有する（債権者である）法人自身の債務処理に関する計画が成立し、その計画が次の①から③までの要件を満たし、かつ、④又は⑤の要件を満たすものである場合をいう（法令24の2①、68の2①、法規8の6①）。

① 　一般に公表された債務処理を行うための手続についての準則（公正かつ適正なものと認められるものであって、次に掲げる事項が定められているもの（これらの事項がその準則と一体的に定められている場合を含む。）

に限るものとし、特定の者（政府関係金融機関、株式会社地域経済活性化支援機構及び協定銀行を除く。）が専ら利用するためのものを除く。）に従って策定されていること。

イ　債務者の有する資産及び負債の価額の評定（資産評定）に関する事項（公正な価額による旨の定めがあるものに限る。）

ロ　その計画がその準則に従って策定されたものであること並びに下記②及び③に掲げる要件に該当することにつき確認をする手続並びにその確認をする者（その計画に係る当事者以外の者又はその計画に従って債務免除等をする者で、次の者に限る。）に関する事項

(イ)　その債務処理に関する計画（再建計画）に係る債務者である法人、その役員及び株主等（株主等となると見込まれる者を含む。）並びに債権者以外の者で、その再建計画に係る債務処理について利害関係を有しないもののうち、債務処理に関する専門的な知識経験を有すると認められる者（その者が3人以上（その法人の借入金その他の債務で利子の支払の基因となるものの額が10億円に満たない場合には、2人以上）選任される場合のその者に限る。次の(ロ)において同じ。）

(ロ)　再生支援をする株式会社地域経済活性化支援機構（その再生支援につき債権買取り等をしない旨の決定が行われる場合には、利害関係を有しない者として株式会社地域経済活性化支援機構により選任される債務処理に関する専門的な知識経験を有すると認められる者）

(ハ)　再建計画に従って債務免除等をする協定銀行

②　債務者（ここでは金銭債権を有する債権者である法人自身の債務処理を行う場面でのその法人をいう。以下同じ。）の有する資産及び負債につき上記①のイの事項に従って資産評定が行われ、その資産評定による価額を基礎としたその債務者の貸借対照表が作成されていること。

③　上記②の貸借対照表における資産及び負債の価額、その計画における損益の見込み等に基づいて債務者に対して債務免除等をする金額が定められていること。
④　2以上の金融機関等（次に掲げる者をいい、その計画に係る債務者に対する債権が投資事業有限責任組合契約等に係る組合財産である場合におけるその投資事業有限責任組合契約等を締結している者を除く。）が債務免除等をすることが定められていること。
　㈑　預金保険法第2条第1項各号に規定する金融機関（協定銀行を除く。）
　㈠　農水産業協同組合（農水産業協同組合法2①）
　㈨　保険会社（保険業法2②）及び外国保険会社等（保険業法2⑦）
　㈡　株式会社日本政策投資銀行
　㈣　信用保証協会
　㈥　地方公共団体（上記㈑から㈣までに掲げる者のうちいずれかの者とともに債務免除等をするものに限る。）
⑤　政府関係金融機関、株式会社地域経済活性化支援機構又は協定銀行（これらのうちその計画に係る債務者に対する債権が投資事業有限責任組合契約等に係る組合財産である場合におけるその投資事業有限責任組合契約等を締結しているものを除く。）が有する債権等につき債務免除等をすることが定められていること。

3　貸倒引当金

(1)　概　要

　上記2のとおり、法人税法においては原則として金銭債権の評価損の損金算入は認められていないが、企業が信用を基礎として経済活動を行

う以上は、貸倒れの発生は避けがたいものであり、企業会計においても貸倒れを見積もって貸倒引当金に繰り入れる慣行が確立されている。そこで、法人税法においても、一定要件を満たす法人がその有する金銭債権の貸倒れその他これに類する事由による損失の見込み額として、損金経理により貸倒引当金勘定に繰り入れた金額のうち、次に掲げるそれぞれの金額に達するまでの金額を損金の額に算入することとされている(法法52)。

① 個別評価金銭債権に係る個別貸倒引当金繰入限度額
② 一括評価金銭債権に係る一括貸倒引当金繰入限度額

(2) **適用対象法人**

　平成23年12月の税制改正により、「法人税率の引下げに伴う財源確保の一環」として、それまで全ての法人に認められていた貸倒引当金制度が、所要の経過措置を講じられた上で、中小法人、銀行・保険会社等及び一定の金銭債権を有する法人に限定して認められることとなり、改正後の法人税法は、法人の平成24年4月1日以後に開始する事業年度から適用されている(平23.12改正法附則10)。

　貸倒引当金制度の適用を受ける法人は、次のとおりである(法法52①、法令96)。

① 中小企業者等

　第1の類型は中小企業者等であり、具体的には、各事業年度終了の時において次に該当する法人である(法法52①一、66⑥二・三、法令14の10⑥)。

　イ　普通法人(投資法人及び特定目的会社を除く。)のうち、資本金の額若しくは出資金の額が1億円以下であるもの又は資本若しくは出資を有しないもの(=中小法人)

ただし、次の法人は除かれる。

(イ) 大法人（次の法人をいう。）との間にその大法人による完全支配関係がある普通法人

　・資本金の額又は出資金の額が5億円以上である法人

　・相互会社及び外国相互会社

　・法人課税信託に係る受託法人

(ロ) 普通法人との間に完全支配関係がある全ての大法人が有する株式及び出資の全部をその全ての大法人のうちいずれか一の法人が有するものとみなした場合においてそのいずれか一の法人とその普通法人との間にそのいずれか一の法人による完全支配関係があることとなるときのその普通法人

(ハ) 法人課税信託に係る受託法人

（注）平成27年度税制改正において、受取配当等の益金不算入制度等の改正を機に、特定目的会社や投資法人といったいわゆるペイスルー課税の対象とされている法人に係る諸制度における調整規定が整備された結果、貸倒引当金制度の対象法人から投資法人及び特定目的会社が除外された。

ロ　公益法人等又は協同組合等

ハ　人格のない社団等

　なお、連結子法人の場合には、事業年度終了の時においてその連結親法人が上記イからハまでの法人に該当する場合のその連結子法人に限り、中小法人とされる（法法52①一）。

　また、適格分割、適格現物出資又は適格現物分配により移転する金銭債権につき貸倒引当金勘定に相当するものを設ける場合には、事業年度終了の時ではなく、その適格分割、適格現物出資又は適格現物分配の直前の時において上記イからハまでに該当するか否かを判定する

こととされている（法法52⑤⑥）。

②　銀行・保険会社等

　　貸倒引当金繰入額の損金算入ができる第2の類型は次の法人である（法法52①二、法令96④）。

イ　銀行（銀行法2①）

ロ　保険会社（保険業法2②）

ハ　無尽会社（無尽業法2①）

ニ　証券金融会社（金融商品取引法2㉚）

ホ　株式会社日本貿易保険

ヘ　長期信用銀行（長期信用銀行法2）

ト　長期信用銀行持株会社（長期信用銀行法16の4①）

チ　銀行持株会社（銀行法2⑬）

リ　貸金業法施行令第1条の2第3号又は第5号に掲げるもの（主としてコール資金の貸付け若しくはその貸借の媒介を業として行う者で金融庁長官の指定するもの又はコール資金の貸付けを行う登録投資法人）

ヌ　保険持株会社（保険業法2⑯）

ル　少額短期保険業者（保険業法2⑱）

ヲ　少額短期保険持株会社（保険業法272の37②）

ワ　債権回収会社（債権管理回収業に関する特別措置法2③）

カ　株式会社商工組合中央金庫

ヨ　株式会社日本政策投資銀行

タ　株式会社地域経済活性化支援機構

レ　株式会社東日本大震災事業者再生支援機構

ソ　ハからレまでに掲げる内国法人に準ずる法人として財務省令で定める内国法人（具体的にはまだ定められていない。）

（注）上記ホについては、法人の平成29年4月1日以後に開始する事業年度

第1部　総　論

の所得に対する法人税について適用される（平28改正法令附則8）。

③　一定の金銭債権を有する法人

　貸倒引当金繰入額の損金算入ができる第3の類型は次の法人である（法法52①三、法令96⑤、法規25の4の2）。ただし、上記①の中小法人又は②の銀行・保険会社等に該当する法人は除かれる。また、次の法人については、貸倒引当金の対象となる金銭債権が、それぞれ次の金銭債権に限定される（法法52⑨一、法令96⑨、法規25の4の2）。

イ　法人税法第64条の2第1項の規定によりリース資産の売買があったものとされる場合のそのリース資産の対価の額に係る金銭債権を有する法人……その金銭債権

ロ　金融商品取引業者（第1種金融商品取引業を行うものに限る。）に該当する法人……その法人が行う金融商品取引法第35条第1項第2号に掲げる行為（信用取引に付随する金銭の貸付け）に係る金銭債権

ハ　質屋である法人……質屋営業法第14条の帳簿に記載された質契約に係る金銭債権

ニ　登録包括信用購入あっせん業者又は登録個別信用購入あっせん業者に該当する法人……割賦販売法第35条の3の56の規定により基礎特定信用情報として指定信用情報機関に提供された同条第1項第3号に規定する債務に係る金銭債権

ホ　銀行、保険会社の子会社である等一定の法人……商業、工業、サービス業その他の事業を行う者から買い取った金銭債権でその法人の一定の業務として買い取ったもの

ヘ　貸金業者に該当する法人……次の金銭債権

　(イ)　貸金業法第19条（同法第24条第2項において準用する場合を含む。）の帳簿に記載された貸付けの契約に係る金銭債権

　(ロ)　商業、工業、サービス業その他の事業を行う者から買い取った

Ⅱ　金銭債権の評価損・貸倒引当金

金銭債権
ト　信用保証業を行う法人……その法人の行う信用保証業に係る保証債務を履行したことにより取得した金銭債権
（注）法人が上記イからトまでのうち2以上の区分に該当する場合には、その2以上の区分の金銭債権の全てについて貸倒引当金の対象となる。

〈経過措置〉
　平成23年12月改正により、貸倒引当金制度を適用できる法人が限定されたが、法人の平成24年4月1日から平成27年3月31日までの間に開始する事業年度においては、改正前の規定に基づき計算した繰入限度額に次の割合を乗じて計算した金額を限度額として貸倒引当金繰入額の損金算入ができることとされている（平23.12改正法附則13①、平23.12改正法令附則5①、平23.12改正法規附則4①）。
a　平成24年4月1日から平成25年3月31日までの間に開始する事業年度……3/4
b　平成25年4月1日から平成26年3月31日までの間に開始する事業年度……2/4
c　平成26年4月1日から平成27年3月31日までの間に開始する事業年度……1/4
　なお、個別評価金銭債権につき改正後の貸倒引当金制度の適用を受ける場合のその個別評価金銭債権については、この経過措置の適用を受けることはできないこととされている（平23.12改正法附則13②）。また、一括評価金銭債権について改正後の貸倒引当金制度の適用を受ける事業年度においては、一括評価金銭債権についてこの経過措置の適用を受けることはできないこととされている（平23.12改正法附則13③）。すなわち、個別評価金銭債権は債権ごとに、一括評価金銭債権は事業年度ごとに、

第1部　総　論

新制度と経過措置の選択ができることとされており、上記③の一定の金銭債権を有する法人は、任意のタイミングで新制度に移行することができる。

この経過措置により、法人の平成27年4月1日以後最初に開始する事業年度の前事業年度において損金の額に算入された貸倒引当金勘定の金額は、当該最初に開始する事業年度の益金の額に算入することとされている（平23.12改正法附則13④）。また、合併法人等の平成27年4月1日以後に開始する事業年度においてその合併法人等が引継ぎを受けたこの経過措置の適用に係る貸倒引当金勘定の金額又は期中個別貸倒引当金勘定の金額若しくは期中一括貸倒引当金勘定の金額は、当該事業年度において益金の額に算入することとされている（平23.12改正法附則13⑤）。

(3)　貸倒引当金共通事項

① 　差額繰入れ等

　　貸倒引当金は、毎期洗替えにより処理することとされている。

　　すなわち、各事業年度において損金算入された個別評価金銭債権及び一括評価金銭債権に係る貸倒引当金勘定は、その事業年度の翌事業年度の所得の金額の計算上益金の額に算入することとされている（法法52⑩）。

　　つまり、当期に損金算入した貸倒引当金の額は、いったん、翌期において取り崩して益金の額に算入した上で、翌期末に改めて繰入限度額を計算して繰り入れ、損金の額に算入することとなるのであるが、法人がその事業年度の貸倒引当金の取崩額と繰入額との差額を損金経理により繰り入れ又は取り崩して益金の額に算入している場合（いわゆる差額繰入れ等）においても、確定申告書に添付する明細書にその相殺前の金額に基づく繰入れ等であることを明らかにしているときは、

Ⅱ　金銭債権の評価損・貸倒引当金

その相殺前の金額によりその繰入れ及び取崩しがあったものとして取り扱われる（法基通11-1-1）。

② 取立不能見込額としての表示

　法人が貸倒引当金勘定への繰入れ表示に代えて取立不能見込額として表示した場合においても、その表示が財務諸表の注記等により確認でき、かつ、貸倒引当金勘定への繰入れであることが総勘定元帳及び確定申告書において明らかにされているときは、その取立不能見込額は貸倒引当金勘定への繰入額として取り扱われる（法基通11-2-1）。

③ 個別評価金銭債権に係る貸倒引当金と一括評価金銭債権に係る貸倒引当金との関係

　個別評価金銭債権に係る貸倒引当金の繰入限度額と一括評価金銭債権に係る貸倒引当金の繰入限度額は、それぞれ別に計算することとなるから、例えば、個別評価金銭債権に係る貸倒引当金の繰入額に繰入限度超過額があり、他方、一括評価金銭債権に係る貸倒引当金の繰入額が繰入限度額に達していない場合であっても、その繰入限度超過額をその一括評価金銭債権に係る貸倒引当金の繰入額として取り扱うことはできない（法基通11-2-1の2）。

④ リース資産の対価の額に係る金銭債権の範囲

　リース取引（法法64の2③）に係るリース資産の引渡しを行った法人は、そのリース資産の対価の額に係る金銭債権について貸倒引当金制度の対象となる法人に該当する（法法52①三、⑨一、法令96⑤一、⑨一）が、「リース資産の対価の額に係る金銭債権」には、リース取引に係る契約が解除された場合に賃借人が支払うこととされているいわゆる規定損害金に係る金銭債権が含まれる（法基通11-2-1の3）。

⑤ 収益認識に関する会計基準等への対応

　「収益認識に関する会計基準」（平30.3.30 企業会計基準第29号）及び

第1部　総　論

「収益認識に関する会計基準の適用指針」（平30.3.30 企業会計基準適用指針第30号）の公表に伴い、平成30年度税制改正において、これに対応した改正が行われた（法法22の2等）。

その中では、法人が資産の販売等を行った場合に、益金の額に算入されるべきその引渡しの時における価額又は通常対価の額については、次に掲げる事実が生ずる可能性がある場合においても、その可能性がないものとした場合における価額とされている（法法22の2⑤）。
イ　その資産の販売等の対価の額に係る金銭債権の貸倒れ
ロ　その資産の販売等（資産の販売又は譲渡に限る。）に係る資産の買戻し

したがって、上記事実が生ずる可能性があることにより会計基準に従って、売掛金その他の金銭債権に係る勘定の金額としていない金額（金銭債権計上差額）があるときは、その金銭債権の税務上の帳簿価額は、その金銭債権の帳簿価額に金銭債権計上差額を加算した金額とされる（法令18の2④）。

また、法人が資産の販売等を行った場合において、上記イの事実が生ずる可能性があることにより売掛金その他の金銭債権に係る勘定としていない金額（貸倒基因金銭債権計上差額）があるときは、その貸倒基因金銭債権計上差額に相当する金額は、法人が損金経理により貸倒引当金勘定又は期中個別貸倒引当金勘定若しくは期中一括貸倒引当金勘定の金額とみなして、貸倒引当金制度を適用することとされる（法令99）。

（注1）この改正は、法人の平成30年4月1日以後に終了する事業年度から適用される。
（注2）「収益認識に関する会計基準」は、全ての法人に対して強制適用されるものではなく、中小企業においては、「中小企業の会計に関する指針」（日本税理士会連合会、日本公認会計士協会、日本商工会議所、企業会計基準委員会）又は「中小企業の会計に関する基本要領」が適用されるが、企業会計基準

を適用することは妨げないとされている。

(4) **個別評価金銭債権に係る貸倒引当金**

個別評価金銭債権とは、法人が有する金銭債権のうち、更生計画認可の決定に基づいて弁済を猶予され、又は賦払により弁済されることその他の一定の事実が生じていることによりその一部につき貸倒れその他これに類する事由による損失が見込まれるもの（同一債務者に対する他の金銭債権がある場合には、これを含む。）をいう（法法52①）。

個別評価金銭債権に係る個別貸倒引当金繰入限度額は、①法令等による長期棚上額、②債務超過状態の継続等による一部取立不能額、③形式基準による50％相当額及び④外国政府等の履行遅滞による50％相当額とされており、その債務者について生じた次の①から④までに掲げる事実の区分に従い、それぞれ次のとおり定められている（法令96①）。

なお、個別評価金銭債権に係る貸倒引当金については、その対象とした金銭債権の債務者ごとに繰入限度額を計算することとなり（法法52①かっこ書、法令96①）、次の①から④までに掲げる事実が生じていることを証する書類その他の関係書類が保存されていないときは、その事実は生じていないものとみなされる（ただし、宥恕規定がある。）（法令96②③、なお関係書類については法規25の4）。

また、「貸倒れその他これに類する事由」には、売掛金、貸付金その他これらに類する金銭債権の貸倒れのほか、例えば、保証金や前渡金等について返還請求を行った場合におけるその返還請求債権が回収不能となったときが含まれる（法基通11-2-3）。

① 法令等による長期棚上額

債務者について生じた更生計画認可の決定等、次に掲げる事由に基

づいてその弁済を猶予され、又は賦払により弁済される場合には、特定の事由が生じた事業年度終了の日の翌日から5年を経過する日までに弁済されることとなっている金額以外の金額（担保権の実行その他によりその取立て等の見込みがあると認められる部分の金額を除く。）が個別貸倒引当金繰入限度額となる（法令96①一、法規25の2）。

イ　更生計画認可の決定
ロ　再生計画認可の決定
ハ　特別清算に係る協定の認可の決定
ニ　債権者集会の協議決定で合理的な基準により債務者の負債整理を定めているもの
ホ　行政機関、金融機関その他第三者のあっせんによる当事者間の協議により締結された契約でその内容が上記ニに準ずるもの

なお、「担保権の実行によりその取立て等の見込みがあると認められる部分の金額」とは、質権、抵当権、所有権留保、信用保険等によって担保されている部分の金額をいう（法基通11-2-5）。

② 債務超過状態の継続等による一部取立不能額

債務者につき債務超過の状態が相当期間継続し、かつ、その営む事業に好転の見込みがないこと、災害、経済事情の急変等により多大な損害が生じたことその他の事由により、一部の金額に取立て等の見込みがないと認められる場合（上記①の事実が生じている場合を除く。）には、その一部の金額に相当する金額が個別貸倒引当金繰入限度額となる（法令96①二）。

なお、「相当期間」とは、「おおむね1年以上」とし、その債務超過に至った事情と事業好転の見通しをみて、該当事由が生じているかどうかを判定することとされている（法基通11-2-6）。

Ⅱ　金銭債権の評価損・貸倒引当金

　また、取立て等の見込みがないと認められる場合における「その一部の金額に相当する金額」とは、その金銭債権の額から担保物の処分による回収可能額及び人的保証に係る回収可能額などを控除して算定することとなるが、次に掲げる場合には、人的保証に係る回収可能額を考慮しないことができる（法基通11－2－7）。

イ　保証債務の存否に争いのある場合で、そのことにつき相当の理由のあるとき

ロ　保証人が行方不明で、かつ、その保証人の有する資産について評価額以上の質権、抵当権（「質権等」）が設定されていること等によりその資産からの回収が見込まれない場合

ハ　保証人について下記③に掲げる事由が生じている場合

ニ　保証人が生活保護を受けている場合（それと同程度の収入しかない場合を含む。）で、かつ、その保証人の有する資産について評価額以上の質権等が設定されていること等によりその資産からの回収が見込まれないこと。

ホ　保証人が個人であって、次のいずれにも該当する場合

　(イ)　その保証人の有する資産について評価額以上の質権等が設定されていること等により、その資産からの回収が見込まれないこと。

　(ロ)　その保証人の年収額（その事業年度終了の日の直近1年間における収入額をいう。）がその保証人に係る保証債務の額の合計額（その保証人の保証に係る金銭債権につき担保物がある場合にはその金銭債権の額からその担保物の価額を控除した金額をいう。）の5％未満であること。

　　（注1）その保証人に係る保証債務の合計額には、その保証人が他の債務者の金銭債権につき保証をしている場合には、その他の債務者の金銭債権に係る保証債務を含めることができる。

(注2) 上記(ロ)のその保証人の年収額については、その算定が困難であるときは、その保証人の前年（その事業年度終了の日を含む年の前年をいう。）分の収入金額とすることができる。

さらに、「その他の事由により、一部の金額に取立て等の見込みがないと認められる場合」には、次の場合が含まれる。この場合において取立て等の見込みがないと認められる金額とは、その回収できないことが明らかになった金額又はその未収利息として計上した金額をいう（法基通11-2-8）。

イ　法人の有するその金銭債権の額のうち担保物の処分によって得られると見込まれる金額以外の金額につき回収できないことが明らかになった場合において、その担保物の処分に日時を要すると認められる場合

ロ　貸付金又は有価証券（「貸付金等」）に係る未収利息を資産に計上している場合において、その計上した事業年度終了の日（その貸付金等に係る未収利息を2以上の事業年度において計上しているときは、これらのうち最終の事業年度終了の日）から2年を経過した日の前日を含む事業年度終了の日までの期間に、各種の手段を活用した支払の督促等の回収の努力をしたにもかかわらず、その期間内にその貸付金等に係る未収利（その資産に計上している未収利息以外の利息の未収金を含む。）につき、債務者が債務超過に陥っている等の事由からその入金が全くない場合

③　形式基準による50％相当額

債務者につき次の事由が生じている場合（上記①の事実が生じている場合及び上記②により個別評価金銭債権に係る貸倒引当金の繰入れをした場合を除く。）には、その金銭債権の額（債務者から受け入れた金額があ

Ⅱ　金銭債権の評価損・貸倒引当金

るため実質的に債権とみられない部分の金額及び担保権の実行、金融機関又は保証機関による保証債務の履行その他により取立て等の見込みがあると認められる部分の金額を除く。）の50％相当額が個別貸倒引当金繰入限度額となる（法令96①三、法規25の3）。

イ　更生手続開始の申立て
ロ　再生手続開始の申立て
ハ　破産手続開始の申立て
ニ　特別清算開始の申立て
ホ　手形交換所（手形交換所のない地域にあっては、その地域において手形交換業務を行う銀行団を含む。）による取引停止処分
ヘ　電子債権記録機関（電子記録債権法2②）で次の要件を満たすものによる取引停止処分
　(イ)　金融機関（預金保険法2①各号）の総数の50％を超える数の金融機関に電子記録債権業の一部委託（電子記録債権法51①、58①）をしていること。
　(ロ)　業務規程（電子記録債権法56）に、業務委託を受けている金融機関はその取引停止処分を受けた者に対し資金の貸付け（その金融機関の有する債権を保全するための貸付けを除く。）をすることができない旨の定めがあること。

　なお、「担保権の実行により取立て等の見込みがあると認められる部分の金額」とは、質権、抵当権、所有権留保、信用保険等によって担保されている部分の金額及び債務者から他の第三者の振り出した手形（債務者の振り出した手形で第三者の引き受けたものを含む。）を受け取っている場合おけるその手形の金額に相当する金額をいう（法基通11-2-5、11-2-10）。

　また、「実質的に債権とみられない部分の金額」とは、次のような金

第1部　総　論

額をいい、これには、債務者に対する支払手形は含まれない（法基通11-2-9）。

a　同一人に対する売掛金又は受取手形と買掛金がある場合のその売掛金又は受取手形の金額のうち買掛金の金額に相当する金額

b　同一人に対する売掛金又は受取手形と買掛金がある場合において、その買掛金の支払のために他から取得した受取手形を裏書譲渡したときのその売掛金又は受取手形の金額のうちその裏書譲渡した手形（支払期日の到来していないものに限る。）の金額に相当する金額

c　同一人に対する売掛金とその者から受け入れた営業に係る保証金がある場合のその売掛金の額のうち保証金の額に相当する金額

d　同一人に対する売掛金とその者から受け入れた借入金がある場合のその売掛金の額のうち借入金の額に相当する金額

e　同一人に対する完成工事の未収金とその者から受け入れた未成工事に対する受入金がある場合のその未収金の額のうち受入金の額に相当する金額

f　同一人に対する貸付金と買掛金がある場合のその貸付金の額のうち買掛金の額に相当する金額

g　使用人に対する貸付金とその使用人から受け入れた預り金がある場合のその貸付金の額のうち預り金の額に相当する金額

h　専ら融資を受ける手段として他から受取手形を取得し、その見合いとして借入金を計上した場合のその受取手形の金額のうち借入金の額に相当する金額

i　同一人に対する未収地代家賃とその者から受け入れた敷金がある場合のその未収地代家賃の額のうち敷金の額に相当する金額

　さらに、債務者の振り出した手形が事業年度終了の日までに不渡りとなり、確定申告書の提出期限までに手形交換所の取引停止処分等（上

記ホ及びヘの事由）が生じた場合にもこの適用ができることとされている（法基通11-2-11）。

④ 外国政府等の履行遅滞による50％相当額

　債務者である外国の政府、中央銀行又は地方公共団体の長期にわたる債務の履行遅滞によりその金銭債権の経済的な価値が著しく減少し、かつ、その弁済を受けることが著しく困難であると認められる場合には、その金銭債権の額（債務者から受け入れた金額があるため実質的に債権とみられない部分の金額及び保証債務の履行その他により取立て等の見込みがあると認められる部分の金額を除く。）の50％相当額（外国政府等の履行遅滞による50％相当額）が個別貸倒引当金繰入限度額となる（法令96①四）。

　なお、貸倒引当金に繰り入れ損金の額に算入した金額は、個別評価金銭債権に係るものも一括評価金銭債権に係るものも全て翌事業年度において益金の額に算入する（洗替え）のであるが（法法52⑩）、法人が平成24年3月31日の属する事業年度終了の日において有する外国政府等に対する個別評価金銭債権につきその事業年度でこの④による個別貸倒引当金を繰り入れた場合には、洗替えを行わず、以後の帳簿価額はその金銭債権の額からこの④により損金算入された額に相当する金額を控除した金額とすることができる（平23.12改正令附則5④～⑦）。

(5) **一括評価金銭債権に係る貸倒引当金**

　一括評価金銭債権とは、売掛金、貸付金その他これらに準ずる金銭債権で、個別評価金銭債権を除いたものをいう（法法52②）。

　一括評価金銭債権に係る一括貸倒引当金繰入限度額は、その事業年度終了の日において有する一括評価金銭債権の額に過去3年間の貸倒損失

発生額に基づく貸倒実績率を乗じて計算する（法法52②、法令96⑥）。

なお、中小法人（平成31年４月１日以後に開始する事業年度分については、適用除外事業者を除く。）又は公益法人等若しくは協同組合等については、貸倒実績率による計算に代えて法定繰入率を用いる計算の選択適用が認められる（措法57の９①、措令33の７②④）ほか、公益法人等又は協同組合等の平成31年３月31日以前に開始する各事業年度については、一括貸倒引当金繰入限度額の割増が認められている（旧措法57の９③、平29改正法附則61、令元改正法附則54）。

(注１) 「適用除外事業者」とは、その事業年度開始の日前３年以内に終了した各事業年度（基準年度）の所得の金額の年平均額が15億円を超える法人をいう（措法42の４⑧六の二）。平成29年度税制改正において、適用除外法人についての法定繰入率の特例の適用が停止され、平成31年４月１日以後に開始する事業年度分から適用することとされている（平29改正法附則62①）。

(注２) 割増率については、下記③参照。

① 繰入限度額

　一括評価金銭債権に係る繰入限度額は、次の算式により計算される（法法52②）。

算　式

繰入限度額＝期末の一括評価金銭債権の帳簿価額×貸倒実績率

〈貸倒実績率〉

　貸倒実績率は、次の算式により計算される（法令96⑥⑦）。

Ⅱ　金銭債権の評価損・貸倒引当金

算　式

$$\frac{\begin{bmatrix}その事業年度開始の日前3年以内\\に開始した各事業年度の売掛債権\\等の貸倒損失の額\\＋その各事業年度の個別評価分の\\\quad 貸倒引当金繰入額の損金算入額\\－その各事業年度の個別評価分の\\\quad 貸倒引当金戻入額の益金算入額\end{bmatrix} \times \dfrac{12}{\text{左の各事業年度の月数の合計数}}}{\begin{array}{l}その事業年度開始の日前3年以内\\に開始した各事業年度終了の時に\\おける一括評価金銭債権の帳簿価\\額の合計額\end{array} \div \text{左の各事業年度の数}} = \boxed{貸倒実績率}$$

（小数点以下4位未満切上げ）

※算式中の月数は、暦に従って計算し、1月に満たない端数はこれを1月とする。

② 法定繰入率による限度額計算

　上記⑵①イの中小法人（平成31年4月1日以後に開始する事業年度分については、適用除外事業者を除く。）又は公益法人等若しくは協同組合等については、保険業法に規定する相互会社及び外国相互会社を除き、一括評価金銭債権の実績繰入率に代えて、次の法定繰入率の選択適用が認められる（措法57の9①②、措令33の7①②④）。

（注） 適用除外事業者とは、事業年度開始の日前3年以内に終了した各事業年度の所得の金額の年平均額（所定の調整を行ったもの）が15億円を超える法人をいう（措法42の4⑧八）。

算　式

$$繰入限度額 = \left[\begin{array}{l}期末一括評価金銭\\債権の帳簿価額\end{array} - \begin{array}{l}実質的に債権と\\みられない金額\end{array}\right] \times 法定繰入率$$

第1部　総　論

　法定繰入率は、その法人の営む主たる事業の区分に応じて次のように定められている。
　イ　卸売業及び小売業（飲食店業及び料理店業を含む。）………10/1,000
　ロ　製造業（電気業、ガス業、熱供給業、水道業及び修理業を含む。）
　　　………………………………………………………………… 8/1,000
　ハ　金融業及び保険業……………………………………………… 3/1,000
　ニ　割賦販売小売業並びに包括信用購入あっせん業
　　　及び個別信用購入あっせん業………………………………… 13/1,000
　ホ　その他………………………………………………………… 6/1,000
　また、「実質的に債権とみられない金額」については、上記(4)③のaからiまでとほぼ同様であるが、支払手形も含まれる点に差異がある。すなわち、次のような金額がこれに該当する（措通57の9-1）。
a　同一人に対する売掛金又は受取手形と買掛金又は支払手形がある場合のその売掛金又は受取手形の金額のうち買掛金又は支払手形の金額に相当する金額
b　同一人に対する売掛金又は受取手形と買掛金がある場合において、その買掛金の支払のために他から取得した受取手形を裏書譲渡したときのその売掛金又は受取手形の金額のうちその裏書譲渡した手形（支払期日の到来していないものに限る。）の金額に相当する金額
c　同一人に対する売掛金とその者から受け入れた営業に係る保証金がある場合のその売掛金の額のうち保証金の額に相当する金額
d　同一人に対する売掛金とその者から受け入れた借入金がある場合のその売掛金の額のうち借入金の額に相当する金額
e　同一人に対する完成工事の未収金とその者から受け入れた未成工事に対する受入金がある場合のその未収金の額のうち受入金の額に相当する金額

f　同一人に対する貸付金と買掛金がある場合のその貸付金の額のうち買掛金の額に相当する金額

g　使用人に対する貸付金とその使用人から受け入れた預り金がある場合のその貸付金の額のうち預り金の金額に相当する金額

h　専ら融資を受ける手段として他から受取手形を取得し、その見合いとして借入金を計上した場合又は支払手形を振り出した場合のその受取手形の金額のうち借入金又は支払手形の金額に相当する金額

i　同一人に対する未収地代家賃とその者から受け入れた敷金がある場合のその未収地代家賃の額のうち敷金の額に相当する金額

なお、平成27年4月1日に存在していた法人は金銭債権のうち「実質的に債権とみられない金額」の計算を次の簡便計算によることが認められる（措令33の7③）。

算式

期末一括評価金銭債権の額 × （分母と同一の各事業年度終了の時における実質的に債権とみられない部分の金額の合計額 ／ 平成27年4月1日から平成29年3月31日までの間に開始した各事業年度終了の時における一括評価金銭債権の額の合計額）〔分数の割合に小数点3位未満の端数があるときはこれを切り捨てる〕＝ 実質的に債権とみられない金額

(注) 平成27年4月1日前に開始した事業年度において簡便計算による場合は、上記算式の分母及び分子の基準年度は「平成10年4月1日から平成12年3月31日までの間に開始した各事業年度」とされる（平27改正法附則33、42）。平成27年度税制改正によりこの基準年度が「平成27年4月1日から平成29年3月31日までの間に開始した各事業年度」とされたものであるが、平成27年4月1日以後最初に開始する事業年度においては、基準年度がその事業年度のみとなる。

第 1 部　総　論

　　また、「平成27年 4 月 1 日から平成29年 3 月31日までの間に開始した各事業年度」にあっては、将来簡便計算を行うか否かにかかわらず実績値を計算しておく必要がある。

③　繰入限度額の割増特例

　公益法人等又は協同組合等の令和 5 年 4 月 1 日前に開始する事業年度にあっては、一括評価金銭債権に係る貸倒引当金は、上記①又は②による繰入限度額に次の割増率を乗じたものを繰入限度額とすることが認められる（旧措法57の 9 ③、平29改正法附則61、令元改正法附則54）。

　イ　平成24年 4 月 1 日から平成29年 3 月31日までの間に開始する事業年度……112％

　ロ　平成30年 4 月 1 日から平成31年 3 月31日までの間に開始する事業年度……110％

　ハ　平成31年 4 月 1 日から令和 2 年 3 月31日までの間に開始する事業年度……108％

　ニ　令和 2 年 4 月 1 日から令和 3 年 3 月31日までの間に開始する事業年度……106％

　ホ　令和 3 年 4 月 1 日から令和 4 年 3 月31日までの間に開始する事業年度……104％

　ヘ　令和 4 年 4 月 1 日から令和 5 年 3 月31日までの間に開始する事業年度……102％

Ⅱ　金銭債権の評価損・貸倒引当金

(6) 組織再編成が行われた場合の貸倒引当金の取扱い
〈用語の意義〉

適格組織再編成：適格合併、適格分割、適格現物出資又は適格現物分配
合 併 法 人 等：合併法人、分割承継法人、被現物出資法人又は被現物分配法人
被合併法人等：被合併法人、分割法人、現物出資法人又は現物分配法人
適 格 分 割 等：適格分割、適格現物出資又は適格現物分配（適格現物分配については、残余財産の全部の分配を除く）
分 割 法 人 等：分割法人、現物出資法人又は現物分配法人
分割承継法人等：分割承継法人、被現物出資法人又は被現物分配法人

　適格組織再編成により被合併法人等の金銭債権等が帳簿価額により合併法人等に移転する場合には、移転する金銭債権等に係る貸倒引当金についても、合併法人等に引き継ぐこととされている。

① 適格分割等における期中繰入額の損金算入
　イ　期中個別貸倒引当金の損金算入
　　　適格分割等により、分割法人等が分割承継法人等に個別評価金銭債権を移転する場合に、その個別評価金銭債権について貸倒引当金勘定に相当するもの（「期中個別貸倒引当金勘定」）を設けたときは、その期中個別貸倒引当金勘定の金額に相当する金額のうち、その個別評価金銭債権につき適格分割等の直前の時を事業年度終了の時とした場合に計算される繰入限度額に相当する金額に達するまでの金額は、適格分割等の日の属する事業年度の損金の額に算入される（法法52⑤）。

　　　なお、期中個別貸倒引当金勘定の金額の繰入限度額の計算においては、適格分割等により同一債務者に対する個別評価金銭債権の金

額のうち一部のみを分割承継法人等に移転する場合には、その個別評価金銭債権の金額のうちその移転する一部の金額以外の金額はないものとみなされる（法令98）。

　ロ　期中一括貸倒引当金の損金算入

　　適格分割等により、分割法人等が分割承継法人等に一括評価金銭債権を移転する場合に、その一括評価金銭債権について貸倒引当金勘定に相当するもの（「期中一括貸倒引当金勘定」）を設けたときは、その期中一括貸倒引当金勘定の金額に相当する金額のうち、その一括評価金銭債権につき適格分割等の直前の時を事業年度終了の時とした場合に計算される一括貸倒引当金繰入限度額に達するまでの金額は、その適格分割等の日の属する事業年度の損金の額に算入される（法法52⑥）。

② 適格組織再編成により移転する貸倒引当金勘定の引継ぎ

　法人が適格組織再編成を行った場合には、適格組織再編成の区分に応じた貸倒引当金勘定の金額又は期中個別貸倒引当金勘定の金額若しくは期中一括貸倒引当金勘定の金額を、その適格組織再編成に係る合併法人等に引き継ぐこととされている（法法52⑧）。

　イ　適格合併又は適格現物分配（残余財産の全部の分配に限る。）が行われた場合……その適格合併の日の前日又は残余財産の確定の日の属する事業年度の所得の金額の計算上損金の額に算入された貸倒引当金勘定の金額

　ロ　適格分割等が行われた場合……その適格分割等の日の属する事業年度の所得の金額の計算上損金の額に算入された期中個別貸倒引当金勘定の金額又は期中一括貸倒引当金勘定の金額

Ⅱ　金銭債権の評価損・貸倒引当金

③　貸倒実績率の計算

　適格合併に係る合併法人の貸倒実績率については、合併法人のその事業年度開始の日前3年以内に開始した被合併法人の各事業年度を含めて計算することとされる（法令96⑥一）等、貸倒実績率の計算における調整が図られている。

　また、法人を分割法人若しくは分割承継法人又は現物出資法人若しくは被現物出資法人とする適格分割又は適格現物出資が行われた場合に、その法人がその適格分割又は適格現物出資の日の属する事業年度の翌事業年度開始の日以後2年以内に終了する各事業年度（調整事業年度）における貸倒実績率をその適格分割又は適格現物出資により移転する事業に係る貸倒れの実績を考慮して合理的な方法により計算することについて所轄税務署長の承認を受けたときは、その承認を受けた方法により計算した割合とすることができる（法令97）。

④　適格組織再編成により引継ぎを受けた貸倒引当金の処理

　適格組織再編成により引継ぎを受けた貸倒引当金勘定の金額又は期中個別貸倒引当金勘定の金額若しくは期中一括貸倒引当金勘定の金額は、その合併法人等のその適格組織再編成の日の属する事業年度において益金の額に算入することとされる（法法52⑪）。

43

第1部　総　論

Ⅲ　債権放棄等と寄附金

1　概　要

　法人が有する金銭債権のうち、その債務者について法的整理手続の結果切り捨てられ、又は私的整理手続の中で合理的な基準により切り捨てられることとなった部分の金額のほか、債務者の債務超過の状態が相当期間継続し、その金銭債権の弁済を受けることができないと認められる場合において、その債務者に対し書面により明らかにされた債務免除額は、「貸倒損失」として損金の額に算入されることとなる（法基通9－6－1(4)）。

　一方、確実に弁済を受けることができる健全な金銭債権や、いわゆる不良債権でも弁済を受けることができるかできないかはまだ明らかでない（回収可能性が残されている）段階での金銭債権を債権放棄した場合には、債務者に対して経済的利益を供与したものとして、寄附金課税の対象となる（法法37①⑦）。

　そして、その債務者が完全支配関係（法法2十二の七の六）のあるいわゆるグループ法人税制の対象となる法人である場合には、その全額が損金不算入となる（法法37②）。この場合、債務者においては、その債務免除益が益金不算入とされる（法法25の2）。

　しかしながら、業績不振の子会社等を整理する場合や、経営危機に陥った子会社等の倒産を防止して再建しようとする場合、さらには、災害を受けた得意先等を支援しようとする場合に、債権放棄を含め様々な形で利益供与を行うことがあり、このような場合に、直ちにこれを寄附金課税の対象とすることは著しく実態に合わない。

　そこで、法人税基本通達では、子会社等の整理・再建の費用として認められるものについては寄附金に該当しないものとして取り扱う旨を明

らかにしているが（法基通9-4-1、9-4-2）、これらはいずれも例示であり、そのことに「相当な理由」があれば寄附金には該当しない旨を明らかにしているのである。さらに、取引先の災害復旧の支援を目的とする売掛金等の免除も寄附金に該当しないものとして取り扱う旨を明らかにしている（法基通9-4-6の2）。

　また、不良債権の最終処理の方法として、これを他に売却して譲渡損を計上することも行われているが、この場合の法人税法上の問題点は、譲渡した事実と譲渡価額の適正さであると考えられる。不良債権の「時価」よりも低い価額で譲渡した場合や、「時価」よりも高い価額で譲り受けた場合には寄附金課税の問題が生ずることとなる。

　さらに、譲渡の変形として、デット・エクイティ・スワップ（DES）という手法が採られる場合もある。「債務の株式化」といわれるもので、債権者が有する債権と債務者が発行する株式とを交換するといものであり、この場合、債権者が取得する株式の取得価額は、手放した債権の「時価」ということになるから（法令119①）、手放した債権の価額と取得した株式の価額の差額が譲渡損（この場合は債務者と譲受者が同一なので、貸倒損）ということとなるが、この損失の発生に合理的な理由がなければ、やはり寄附金課税の問題が生ずることとなる。

〈不良債権の放棄に関する補論〉

(1)　問題提起

　不良債権を何らかの理由により放棄した場合の損失について、考え方が2通りあり得る。

　その一つは、不良債権には回収不能とみられる部分が内在しており、その部分は債権放棄によって顕在化するのであるから、例えば金銭債権額100の不良債権で、回収不能が見込まれる部分が80である

ものの債権放棄をした場合、貸倒損失として80が実現し、その余の20を債務者に対して利益供与したものであるという考え方である。これによれば、金銭債権額100のうち20が寄附金又は子会社等を整理・再建する場合の損失として取り扱われるべきこととなる。これを仮に甲説と呼ぶこととする。

これに対し、不良債権に回収不能部分が内在しているとしても、第三者に譲渡したというのであればともかく、その回収不能部分はあくまで観念的・抽象的なものにすぎず、債権放棄したとしても、その回収不能部分は観念的・抽象的なままであり続けるから、貸倒損失が実現したとはいえない。したがって、上記例でいえば、あくまで利益供与したとすべきは100であり、これが寄附金又は子会社等を整理・再建する場合の損失として取り扱われるべきでるという考え方である。仮にこれを乙説と呼ぶこととする。

甲説・乙説いずれによるべきかについて、明確に言及したものは見当たらないように思う。しかしながら、この点についての考え方の違いは、様々な場面での結論に微妙な影響を及ぼす基本的な点であると考える。

(2) **筆者の私見**

甲説のように、1回の行為により生じた損失の中に2以上の種類の損失が存在することは理論上あり得るし、現実の取引においても、1取引に複数の損益が混在することはまま見受けられるところである（例えば帳簿価額10、時価100の土地を30で他に譲渡した場合には、譲渡益90と70の利益供与による損失が認識される。）。

不良債権を第三者に譲渡又は贈与した場合、その不良債権の「時価」を認識し、その「時価」を基礎としてその損益を処理すること

となるのは当然である。金銭債権額100で80が回収不能と見込まれる不良債権を他に贈与したとすれば、金利等を考慮しないとすればおそらくその「時価」は20であろうから、80の譲渡損と20の利益供与による損失の2種類の損失を計上することとなろう（贈与を受けた側でのその金銭債権の取得価額は20となる。）。この場合にはその金銭債権を「評価」して「時価20」を導き出す必要があるのである。

しかしながら、債権放棄の場合は、いわばその不良債権の贈与を受けた受贈者は債務者本人である。この場合、金銭債権の評価損益計上の原則禁止（法法25、33）を併せ考えれば、その金銭債権を「評価」しなければならない必然性はなく、債権放棄を受けた債務者が受ける経済的利益が100でしかあり得ない以上、債権放棄による損失に貸倒損失が観念的・抽象的に内在していたとしても、時価を「評価」してその額を確定させることは無意味であると考える。したがって、筆者は乙説によるべきであると考える。

この点、DES（後述5）の場合は、税法上「譲渡」として整理し、これにより債権者が取得する株式の取得価額を「時価」とする必要があるところから、金銭債権を「評価」しなければならないのである。

なお、この課題の派生的な問題として、金銭債権額100、回収不能見込額80の不良債権について、80の債権放棄をした場合にはどう考えるかという疑問がある。この点については、100の金銭債権について、法的整理・私的整理において80の債権が切り捨てられた場合や、担保が付されている部分とそうでない部分とに明確に区分できるなど、回収不能部分だけを債権放棄したという積極的かつ客観的な事情があればともかく、そうでない場合には、債権放棄額にも回収可能部分と回収不能部分が均分に含まれており、債権放棄した80には、回収可能見込額（16＝債権放棄額80×回収見込額20／金銭債権額100）と

> 回収不能見込額（64＝債権放棄額80×回収不能見込額80／金銭債権額100）とが観念的・抽象的に内在していると考えるべきであると筆者は考える。

2　子会社等を整理・再建する場合の債権放棄

(1) 子会社等を整理する場合

　法人が子会社等の解散、経営権の譲渡等に伴いその子会社等のために債務の引受けその他の損失負担又は債権放棄等（以下「損失負担等」という。）をした場合において、その損失負担等をしなければ今後より大きな損失を蒙ることになることが社会通念上明らかであると認められるためやむを得ずその損失負担等を行うに至った等そのことについて相当な理由があると認められるときは、その損失負担等により供与する経済的利益の額は寄附金に該当しないものとして取り扱われる（法基通9－4－1）。

　なお、この場合の「子会社等」には、その法人と資本関係を有する者のほか、取引関係、人的関係、資金関係等において事業関連性を有する者が含まれる（法基通9－4－1（注））。

　寄附金は、「直接事業に関係なく、任意に、かつ、対価の授受なく、無償で行われる財産的給付である」といわれているが、親会社が子会社の整理のために行う債権放棄等の損失は、一概にこれを単純な贈与と決めつけることができない面が多々あるところから、この取扱いの場合の損失は一種の撤退費用として、単純損金と認める趣旨である。

　また、あくまでも「子会社等の整理」というのは例示であるから、他の場面で「相当な理由」があると認められる場合を排除するものでない。

Ⅲ 債権放棄等と寄附金

(2) 子会社等を再建する場合

　法人がその子会社等に対して金銭の無償若しくは通常の利率よりも低い利率での貸付け又は債権放棄等（以下「無利息貸付け等」という。）をした場合において、その無利息貸付け等が例えば業績不振の子会社等の倒産を防止するためにやむを得ず行われるもので合理的な再建計画に基づくものである等その無利息貸付け等をしたことについて相当な理由があると認められるときは、その無利息貸付け等により供与する経済的利益の額は、寄附金の額に該当しないものとして取り扱われる（法基通9－4－2）。

　なお、この場合の「子会社等」については、上記(1)と同様である。

　また、「合理的な再建計画」であるかどうかについては、①支援額の合理性、②支援者による再建管理の有無、③支援者の範囲の相当性及び④支援割合の合理性等について、個々の事例に応じ、総合的に判断することとなるが、例えば、利害の対立する複数の支援者の合意により策定されたものと認められる再建計画は、原則として、合理的なものと取り扱われる（法基通9－4－2（注））。

　このような場合の損失は、一種の企業防衛費用とも考えられるのであり、上記(1)の場合と同様、単純な贈与と決めつけることができないと考えられるからである。

　子会社等を整理する場合と異なり、再建しようとする場合は、その子会社等が営業を継続することを前提としているから、「倒産を防止するため」「合理的な再建計画」に基づいて行われるかどうかが、「子会社等の再建」に該当してこの取扱いの適用対象となる重要なポイントとなってくる。

　なお、上記(1)の場合と同様、「子会社等の再建」も例示であるから、他の場面で「相当な理由」があると認められる場合を排除するものでない。

　国税庁は、これまで次に掲げる再建計画は合理的なものに該当する旨の文書回答を行い、公表している。

第1部　総　論

① 「私的整理に関するガイドライン」(平13. 9　私的整理に関するガイドライン研究会)に基づき策定された再建計画(平13. 9課審4-114)
② 中小企業再生支援協議会で策定を支援した再建計画(A社及びB社のモデルケース)(平15. 7　課審5-14)
③ 「RCC企業再生スキーム」に基づき策定された再生計画(平16. 3・平17. 8　株式会社整理回収機構からの照会に対する国税庁の文書回答)
④ 特定認証紛争解決手続(事業再生ADR手続)に従って策定された事業再生計画(平20. 3・平21. 7　経済産業省からの照会に対する国税庁の文書回答)
⑤ 株式会社地域経済活性化支援機構(旧株式会社企業再生支援機構)が買取決定等を行った債権の債務者に係る事業再生計画(平21.11　株式会社企業再生支援機構からの照会に対する国税庁の文書回答、平25. 6・平26. 6 株式会社地域経済活性化支援機構からの照会に対する国税庁の文書回答)
⑥ 株式会社東日本大震災事業者再生支援機構が買取決定等を行った債権の債務者に係る事業再生計画(平25. 6 株式会社東日本大震災事業者再生支援機構からの照会に対する国税庁の文書回答)
⑦ 「中小企業再生支援協議会の支援による再生計画の策定手順(再生計画検討委員会が再生計画案の調査・報告を行う場合)」に従って策定された再生計画(平26. 6　中小企業庁からの照会に対する国税庁の文書回答)
⑧ 特定調停スキームに基づき策定された再建計画(平26. 6　日本弁護士連合会等からの照会に対する国税庁の文書回答)

　また、国税庁では「子会社等を整理・再建する場合の損失負担等に係る質疑応答事例等」を取りまとめ、実務上の参考として公表している(「タックスアンサー」http://www.nta.go.jp/)。

Ⅲ　債権放棄等と寄附金

3　災害の場合の取引先に対する売掛債権の免除等

　法人が、災害を受けた得意先等の取引先に対してその復旧を支援することを目的として災害発生後相当の期間（災害を受けた取引先が通常の営業活動を再開するための復旧過程にある期間をいう。）内に売掛金、未収請負金、貸付金その他これらに準ずる債権の全額又は一部を免除した場合には、その免除したことによる損失の額は、寄附金に該当しないものとして取り扱われる（法基通9-4-6の2前段）。

　また、既に契約で定められたリース料、貸付利息、割賦販売に係る賦払金等で災害発生後に授受するものの全部又は一部の免除を行うなど契約で定められた従前の取引条件を変更する場合及び災害発生後に新たに行う取引につき従前の取引条件を変更する場合も、同様とされる（法基通9-4-6の2後段）。

　なお、「得意先等の取引先」には、得意先、仕入先、下請工場、特約店、代理店等のほか、商社等を通じた取引であっても価格交渉等を直接行っている場合の商品納入先など、実質的な取引関係にあると認められる者が含まれる（法基通9-4-6の2（注））。

　このような場合の債務免除等は、取引条件の修正ないし今後の取引を継続し販路を維持するための費用ともいえることから、寄附金とはせずに単純損金として取り扱う趣旨であると考えられる。

4　不良債権の譲渡

　不良債権の最終処理の方法として、その有する不良債権を他に売却することが考えられる。

　返済が滞っている、又は債務者の資産状況・経営状況等からみて回収

第1部　総　論

不能に陥る危険性が高いなどの不良債権の「時価」は、債権金額よりも当然に低いものとなる。

　一般論でいえば、これをそのまま保有していれば含み損を生じた資産ということになるが、これを第三者に売却すれば、その含み損が実現し、譲渡損失を計上することとなる。

　一時期、多くの不良債権を抱えた金融機関等が、各融資先に対して保有する債権を直接償却（又は最終処理）の方法として、他に売却するいわゆるバルクセールといわれるものが多く行われた。また、債権管理回収業に関する特別措置法（平成10年法律第126号）（サービサー法）に基づく債権回収業者に不良債権を譲渡することも行われている。

(1)　**譲渡した事実**

　不良債権の譲渡の場合、譲渡した事実があるかどうかがまず問題となる。例えばグループ会社等に単に形式上移管しただけで、譲り受けた側でその不良債権に係るリスクを一切負わないというような場合には、譲渡した実態にあるとはいえず、譲渡損の計上が認められないこととなる。

　原則として、次に掲げる要件の全てを満たしているときは、その売却等による損益を認識することとなる（法基通2－1－44）。

①　売却等を受けた者は、次のような要件が満たされていること等により、その金銭債権に係る権利を実質的な制約なしに行使できること。

　　イ　譲渡人は、契約又は自己の自由な意思によりその売却等を取り消すことができないこと。

　　ロ　譲渡人に倒産等の事態が生じた場合であっても譲渡人やその債権者（管財人を含む。）が売却等をしたその金銭債権を取り戻す権利を有していない等、売却等がされた金銭債権が譲渡人の倒産等のリスクから確実に引き離されていること。

52

② 譲渡人は、売却等をした金銭債権をその支払期日前に買い戻す権利及び義務を実質的に有していないこと。

(2) **譲渡価額**

　次に、不良債権の譲渡の場合には、その譲渡価額の適正さが問題となる。その譲渡価額は「時価」であることが求められ、時価よりも低い価額で譲渡したり、時価よりも高い価額で譲り受けたりした場合には、その譲渡価額・譲受価額と時価との差額を相手方に寄附したものとして取り扱われることとなる（法法37⑦⑧）。

　通常、利害の相反する第三者間で譲渡される場合には、その譲渡価額は「時価」であろうと推定されるが、「適正評価手続に基づいて算定される債権及び不良債権担保不動産の価額の税務上の取扱いについて（法令解釈通達）」(平10.12課法2-14ほか)によれば、適正な収支予測及び割引率に基づいて算定されたもので、恣意的な評価価額ではないことを明らかにすれば、その譲渡が時価でなされたものと取り扱われることとなろう。

　さらに、事実認定の問題ではあるが、その不良債権の譲渡先が、債務者である法人の代表者であるような場合、事実上は債権放棄が行われたものと認定され、債権者側では（譲渡価額が適正であれば譲渡損又は貸倒損失として）寄附金課税の問題は生じないものの、例えば、代表者がその債権を買い取る資金を債務者である法人が代表者に融通するような場合、債務者側では、債務消滅益課税が行われる可能性がある。このような場合には、代表者がその債務者である法人からではなく他から譲受資金を調達したこと、法人が実際に代表者に弁済を行っていることなど、現に債務が消滅していないという事実が必要となろう。

(3) 譲受法人の処理

　不良債権を時価で譲り受けた法人にあっては、その金銭債権の取得価額は譲り受けた価額（時価）であるから、仮にその全額が貸倒れとなった場合でも、貸倒損失として損金の額に算入される金額はあくまで取得価額が限度となることは当然であるが、一部回収があった場合や、取得価額以上に回収があった場合の処理がどうなるのかについて、ここで触れておく。

　例えば、債権額2,000万円の金銭債権を第三者から時価1,000万円で譲り受けた場合、次のような処理になると考えられる。（なお、債権額が2,000万円であることを表示するため、金銭債権を2,000万円とし、取得価額との差額1,000万円を対照勘定とする方法も考えられる。）

　　　　　　　　金銭債権　　1,000万円　／　現　預　金　　1,000万円

イ　全額貸倒れとなった場合

　　　　　　　　貸倒損失　　1,000万円　／　金銭債権　　　1,000万円

ロ　一部回収ののち貸倒れとなった場合

　(イ)　200万円回収時

　　　　　　　　現　預　金　　200万円　／　金銭債権　　　　200万円

　(ロ)　残額1,800万円につき貸倒れ

　　　　　　　　貸倒損失　　　800万円　／　金銭債権　　　　800万円

ハ　取得価額以上を回収した場合

　(イ)　1,200万円回収時

　　　　　　　　現　預　金　　1,200万円　／　金銭債権　　　1,000万円
　　　　　　　　　　　　　　　　　　　　　　　回　収　益　　　200万円

　(ロ)　残額800万円につき貸倒れ

　　　　　　　　処理不要

(4) グループ法人税制との関係

　平成22年の税制改正におけるグループ法人税制の導入により、完全支配関係のある法人間で「譲渡損益調整資産」の譲渡があった場合、その譲渡益又は譲渡損については、同額の調整勘定繰入損又は調整勘定繰入益を計上することにより繰り延べられ（法法61の13①、法令122の14①）、譲受法人において「戻入事由」が生じた場合に初めて所定の戻入額を調整勘定戻入益又は調整勘定戻入損として益金の額又は損金の額に算入することとなる（法法61の13②、法令122の14④）。

① 完全支配関係

　完全支配関係とは、一の者が法人の発行済株式等（自己株式等を除く。）の全部を直接又は間接に保有している関係（当事者間の完全支配関係）又は一の者との間に当事者間の完全支配関係がある法人相互の関係をいう（法法２十二の七の六、法令４の２②）。

② 譲渡損益調整資産

　譲渡損益調整資産とは、固定資産、固定資産以外の土地（土地の上に存する権利を含む。）、有価証券、金銭債権及び繰延資産で次に掲げるもの以外のものとされている（法法61の13①、法令122の14①）。

　イ　売買目的有価証券

　ロ　譲受法人において売買目的有価証券とされる有価証券

　ハ　譲渡直前の帳簿価額（所定の単位に区分した後のそれぞれの資産の帳簿価額）が1,000万円に満たない資産（イに掲げるものを除く。）

　なお、譲渡した金銭債権の帳簿価額は、その譲渡した金銭債権の１の債務者ごとに区分した後の帳簿価額となる（法規27の12の３、27の15①）。

③ 戻入事由と戻入額

　譲渡損益調整資産である金銭債権について譲渡利益額又は譲渡損失

額について譲渡法人において調整勘定繰入損又は調整勘定繰入益を計上している場合、譲受法人においては時価により取得価額を計上していることになるが、譲受法人において、(イ)他への譲渡があった場合、(ロ)金銭債権について貸倒れが生じた場合及び(ハ)譲受法人において会社更生法等の規定による更正計画認可の決定があったこと等により金銭債権について評価換えによる評価益又は評価損の益金又は損金算入が認められる場合等の戻入事由が生じたときは、譲渡法人においては、譲渡利益額又は譲渡損失額に係る譲渡利益額又は譲渡損失額を、その事由が生じた日の属するその譲受法人の事業年度終了の日の属するその譲渡法人の事業年度の所得の金額の計算上、調整勘定戻入益又は調整勘定戻入損として益金の額又は損金の額に算入することとされている（法法61の13②、法令122の14④）。

④ 通知義務

　イ　譲渡法人の通知義務

　　　譲渡法人がその有する譲渡損益調整資産を譲受法人に譲渡した場合には、その譲渡後遅滞なく、その譲受法人に対して、その譲渡した資産が譲渡損益調整資産である旨を通知しなければならないこととされている（法令122の14⑮）。

　ロ　譲受法人の通知義務

　　　上記イの通知を受けた譲受法人は、譲渡損益調整資産につき戻入事由が生じたときは、その旨及びその生じた日を、その戻入事由が生じた事業年度終了後遅滞なく、譲渡法人に通知しなければならないこととされている（法令122の14⑰）。

　　　したがって、譲渡法人から譲り受けた金銭債権が貸し倒れた場合には、譲受法人はその旨を譲渡法人に通知しなければならない。

5 デット・エクイティ・スワップ（DES）

(1) 概　要

　不良債権の譲渡の変形としてデット・エクイティ・スワップ（DES）がある。これは、債務（debt）を株式（equity）と交換（swap）するものである。債務会社が債務と交換に株式を交付する債務の資本化であり、債権者側からみれば債権の株式化ということになる。過剰債務を抱える債務者である会社を再建するための有効な手法として行われている。

　債務会社にとっては、有利子債務を返済可能な規模まで減額し財務内容を改善するとともに、金利負担の軽減により再建を図ることができるというものである。

　一方、債権者にとっては、債権の全部又は一部を全面的に放棄しないで、その一部を株式として保有することにより、債務者の経営に関与でき、将来、債務者の再建が成功した場合には配当を期待し、又は譲渡してキャピタルゲインを得ることが可能となる。

　会社更生法においては、更生計画の定めに従い更正債権者等又は株主の権利の全部又は一部が消滅した場合において、これらの者が更生会社又は新会社の株式発行の際の募集株式等の全部又は一部の払込みをしたものとみなす旨を更生計画に盛り込むことができ（会社更生法175、183）、この場合、その取得した株式は、その取得時の価額（時価）が取得価額とされる（法基通14-3-6）ので、その取得価額と消滅した債権の価額の差額は貸倒損失として処理されることとなる。

　民事再生法等の法的整理、私的整理ガイドラインその他の場合で、デット・エクイティ・スワップを行うときは、会社更生法の場合と異なりDESに関する規定がないので、下記①から④までのいずれかの手法を採ることとなるが、④の債権の現物出資が一般的である。

第 1 部　総　論

①　債権者が第三者割当増資を引き受けて現金を債務会社に払い込み、債務会社はその現金で債務を返済する。
②　債権者が債務者に対する債権を現物出資して新会社を設立し、その新会社に債務者が事業を譲渡し清算する。
③　債務者が保有する自己株式を債権者に代物弁済する。
④　債権者が債権を債務会社に現物出資する。

(2)　税務上の取扱い

　上記(1)④の手法を採った場合、債権者が取得する債務会社の株式の取得価額の問題が生ずる。現物出資により取得した有価証券の取得価額は現物出資資産の時価とされており（法令119①二）、現物出資した金銭債権の時価が金銭債権額に満たない場合には譲渡損が計上されることとなる。また、債務会社においては、自己の債務は時価で受け入れることとなり（法令8①一）、債務消滅益が生ずることとなる。

　この場合、金銭債権の現物出資を行った債権者において、その現物出資が合理的な再建計画等の定めるところによるのでなければ、単なる譲渡損ではなく寄附金課税の問題が生ずることとなるのである（法基通9-4-2と同様の取扱いとなる。法基通2-3-14参照）。

　また、企業再生税制適用場面（法令24の2①の要件を満たす私的整理の場面）においてDESが行われた場合、債務者が給付を受ける債権及び債権者が交付を受ける株式の時価は、合理的に見積もられた回収可能額に基づいて評価することが妥当であるとされている（平22.2.22付　国税庁の文書回答）。

　なお、適格現物出資による金銭債権の現物出資が行われた場合には、帳簿価額による譲渡とされるため、譲渡損益は計上されない（法法62の4）。

Ⅳ その他

1 ゴルフ会員権

　ゴルフ会員権とは、一般に、ゴルフ場経営会社の株式を所有するか、又は預託金を拠出することによりゴルフ場を利用することができる権利であり、通常問題となるのは預託金制ゴルフ会員権である。預託金制ゴルフ会員権の法的性格は、会員のゴルフ場経営会社に対する契約上の地位であり、施設利用権、預託金返還請求権、年会費納入義務等を内容とする債権的法律関係であるといわれている（昭61.9.11最高第一小判決）。

　したがって、預託金制のゴルフクラブのゴルフ会員権については、ゴルフ場施設を利用できる間は、施設利用権が顕在化しており、預託金返還請求権は抽象的なものにすぎないので、税務上、通常のゴルフ会員権は施設利用権を主とする契約上の地位、一種の無形固定資産（非減価償却資産）として取り扱われることとなる。

　退会の届出、預託金の一部切捨て、ゴルフ場経営会社の破産手続開始の決定等の事実に基づき預託金返還請求権の全部又は一部が顕在化した場合において、その顕在化した部分について金銭債権として貸倒損失及び貸倒引当金の対象となる（法基通9－7－12（注））。

　すなわち、法人が退会の意思を明らかにした場合は、金銭債権である預託金返還請求権が顕在化することとなる。また、ゴルフ場経営会社が破産手続開始の決定を受けた場合において、会員は清算型の倒産手続を通じて届け出た預託金債権の範囲内で配当を受け取ることとなるのであるから、ゴルフ会員権は金銭債権たる預託金返還請求権として顕在化したものと解される。

　これに対して、ゴルフ場経営会社について民事再生法による再生手続

第1部 総 論

開始の申立てが行われた場合のように、再生型の倒産手続が行われる場合には、会員契約は通常その手続の中では解除されないため、ゴルフ会員権は金銭債権たる預託金返還請求権としては顕在化していないものと解される。したがって、この場合、ゴルフ会員権についてその帳簿価額の50％相当額を個別評価による貸倒引当金に繰り入れることは認められない。

　ただし、民事再生法による再生手続開始の決定等により、預託金の一部が切り捨てられた場合には、預託金返還請求権の一部が金銭債権として顕在化した上で切り捨てられたとみることができるから、貸倒損失の計上が可能となる。この場合、法人の有するゴルフ会員権の帳簿価額が預託金の額面金額を下回っているようなときは、貸倒損失として計上できる金額は、切り捨てられる金額から、預託金の額面金額と帳簿価額との差額を控除した金額となる。

2 相当期間未収が継続した場合の貸付金利子等の帰属時期の特例

　法人税の取扱いにおいて、貸付金等（貸付金、預金、貯金又は有価証券をいう。以下同じ。）から生ずる利子の額は、その利子の計算期間の経過に応じその事業年度に係る金額をその事業年度の益金の額に算入すること（発生基準）を原則とし、主として金融及び保険業を営む法人以外の法人については、その貸付金等から生ずる利子でその支払期日が1年以内の一定の期間ごとに到来するものの額につき、継続してその支払期日の属する事業年度の益金の額に算入すること（利払期基準）が認められている（法基通2-1-24）。

　しかしながら、債務者の状態からみて、元本の回収すら危ぶまれるような、現実には利子を回収することが困難であるため、上記取扱いによ

60

り未収利子の計上を要求することが著しく実情に即さないと認められる場合には、実際に利子を回収するまで、その収益計上を見合わせることができることとされている。

　すなわち、法人の有する貸付金又はその貸付金に係る債務者について次のいずれかの事実が生じた場合には、その貸付金から生ずる利子の額（実際に支払を受けた金額を除く。）のうちその事業年度に係るものは、その事業年度の益金の額に算入しないことができることとされているのである（法基通2-1-25）。

(1) 債務者が債務超過に陥っていることその他相当の理由により、その支払を督促したにもかかわらず、その貸付金から生ずる利子の額のうちその事業年度終了の日以前6月（その6月以内に支払期日のないものは1年。以下「直近6月等」という。）以内に支払期日が到来したもの（その貸付金に係る金銭債権を売買等により取得した場合のその取得前の期間のものを含む。以下「最近発生利子」という。）の全額がその事業年度終了の時において未収となっており、かつ、直近6月等以内において最近発生利子以外の利子について支払を受けた金額が全くないか又は極めて少額であること。

(2) 債務者につき更生手続が開始されたこと。

(3) 債務者につき債務超過の状態が相当期間継続し、事業好転の見通しがないこと、その債務者が天災事故、経済事情の急変等により多大の損失を蒙ったことその他これに類する事由が生じたため、その貸付金の額の全部又は相当部分についてその回収が危ぶまれるに至ったこと。

(4) 更生計画認可の決定、債権者集会の協議決定等によりその貸付金の額の全部又は相当部分について相当期間（おおむね2年以上）棚上げされることとなったこと。

(注1) この取扱いにより益金の額に算入しなかった利子の額については、そ

の後これにつき実際に支払を受けた日の属する事業年度（その事業年度が連結事業年度に該当する場合には、その連結事業年度）の益金の額に算入することとなる。
(注2)　法人の有する債券又は債券の発行者に上記(1)から(4)までと同様の事実が生じた場合にも、その債券に係る利子につき同様に取り扱われる。

3　債務免除を受けた債務者側の課税関係

(1)　青色欠損金等の繰越控除

　債権者側で不良債権について事実上の貸倒処理（法基通9-6-2）又は売掛債権に係る特例による貸倒処理（法基通9-6-3）をした場合、（限定的な場面ではあるが）評価損を計上した場合又は個別貸倒引当金を繰り入れた場合には、債務者である法人にあっては、金銭債務が消滅したわけではないので、そのことによる課税関係の影響はない。

　しかしながら、債権者側で、金銭債権について何らかの理由で債務免除を行った場合には、債務者である法人においては、その金銭債務が消滅することによる利益（債務免除益）が生じ、益金の額に算入されることとなる。

　ただ、貸倒処理が俎上に上るような不良債権の債務者である法人は、通常の場合、繰越欠損金を有しているであろうから、青色欠損金の繰越控除（法法57）又は青色申告書を提出しなかった事業年度の災害損失金の繰越控除（法法58）の範囲では益金算入額が圧縮されることとなる。

　青色欠損金・災害損失金（以下「青色欠損金等」という。）の繰越期間は10年（平20.4.～平29.3.31に開始した事業年度に生じた青色欠損金等については9年、平20.3.31以前に開始した事業年度に生じた青色欠損金等ついては7年）とされている（法法57①、58①、平23.12改正法附則14①、平27改正法附則27①）。

また、青色欠損金額等の控除限度額は、控除前の所得金額の50％（平24.3.31以前に開始する事業年度については100％、平24.4.1～平27.3.31に開始する事業年度については80％、平27.4.1～平28.3.31に開始する事業年度については65％、平28.4.1～平29.3.31に開始する事業年度については60％、平29.4.1～平30.3.31に開始する事業年度については55％、平30.4.1以後開始する事業年度については50％）相当額とされている（法法57①、58①、平23.12改正法附則10、平27改正法附則27②、平28改正法18による平27改正法附則27②の一部改正）が、中小法人に該当する法人については、控除限度額が控除前の所得金額の100％相当額とされている（法法57⑪一、58⑥一）。

　「中小法人」とは、次の①から③に掲げる法人をいう（法法57⑪、58⑥）。
① 　普通法人のうち、資本金の額若しくは出資金の額が１億円以下であるあるもの又は資本金若しくは出資金を有しないもの（次の法人を除く。）
　イ　投資法人
　ロ　特定目的会社
　ハ　法人課税信託の受託法人
　ニ　大法人（資本金の額若しくは出資金の額が５億円以上である法人、相互会社及び外国相互会社並びに法人課税信託に係る受託法人をいう。）との間にその大法人による完全支配関係がある普通法人又は複数の完全支配関係にある大法人に発行済株式等の全部を保有されている普通法人
　ホ　相互会社
② 　公益法人等又は協同組合等
③ 　人格のない社団等

　また、次の事実が生じて再建中である法人については、これらの事実に係る所定の日から７年を経過する日までの期間内の日の属する各事業年度について、その控除限度額は控除前の所得金額の100％相当額とされ

ている（法法57⑪二、58⑥二）。

a　会社更生法による更生手続開始の決定があったこと。

b　民事再生法による再生手続開始の決定があったこと。

c　特別清算開始の命令、破産手続開始の決定、一定の私的整理（法令24の2①）の事実又はこれらに準ずる事実があったこと。

d　aからcまでに掲げる事実に準ずる所定の事実（法令112⑰、法規26の3の2③）があったこと。

（注）法人の設立の日から同日以後7年を経過する日までの期間内の日の属する各事業年度である場合の一定の普通法人についても、控除限度額は控除前の所得金額の100％相当額とされている（法法57⑪三、58⑥三）。

(2)　**会社更生法等による債務免除等があった場合の欠損金額の控除**

①　更生手続開始の決定があった場合

　法人について、会社更生法による更生手続開始の決定があった場合において、(a)更生債権等（法令116の4）を有する者から債務免除を受け、若しくは(b)役員等（役員若しくは株主等である者又はこれらであった者をいう。）から金銭その他の資産の贈与を受け、又は(c)会社更生法の規定に従って行う資産の評価換えによる評価益の計上があるときは、その債務免除を受ける等の日の属する事業年度（適用年度）前の各事業年度において生じた欠損金額（設立以来の欠損金額）に相当する金額のうち、これらの債務免除益、私財提供益及び評価益（評価損を控除するものとし、マイナスとなる場合はゼロ）の合計額に達するまでの金額を損金の額に算入することとされている（法法59①）。

　この場合の欠損金額は、適用年度終了の時における前事業年度以前の事業年度から繰越欠損金額で（法令116の3）、具体的には、適用年度の確定申告書に添付する法人税申告書別表五（一）の「利益積立金額及び資

本金等の額の計算に関する明細書」に期首現在利益積立金額の合計額として記載されるべき金額で、その金額がマイナスである場合のその金額によることとされている（法基通12-3-2）。

なお、この欠損金額には、青色欠損金等とそれ以外のいわゆる期限切れ欠損金とがあることとなるが、まず期限切れ欠損金の部分から利用したものとされ、次に青色欠損金等の部分を利用したものとされる（法法57⑤、58③、法令112⑫、116の2④）。

② 再生手続開始の決定等があった場合

法人について、次の事実があった場合において、(a)それぞれ次に掲げる債権等を有する者から債務免除を受け、若しくは(b)役員等（役員若しくは株主等である者又はこれらであった者をいう。）から金銭その他の資産の贈与を受け、又は(c)資産の評価損益の計上（法法25③、33④）があるときは、その債務免除を受ける等の日の属する事業年度（適用年度）前の各事業年度において生じた欠損金額（設立以来の欠損金額）に相当する金額のうち、これらの債務免除益、私財提供益及び評価損益（評価益の金額から評価損の金額を減算し、マイナスとなる場合はマイナスの金額）の合計額に達するまでの金額を損金の額に算入することとされている（法法59②、法令117）。

イ 民事再生法による再生手続開始の決定があったこと……民事再生法に規定する再生債権等

ロ 特別清算開始の命令があったこと……特別清算開始前の原因に基づいて生じた債権

ハ 破産手続開始の決定があったこと……破産法に規定する破産債権等

ニ 再生計画認可の決定に準ずる事実で、その債務処理に関する計画が次のaからcまで及びd又はeの要件に該当するもの（法令24の2①）

第 1 部　総　論

　……その事実の発生前の原因に基づいて生じた債権

　　a　一般に公表された債務処理を行うための手続についての準則（公正かつ適正なものと認められるものであって、次の事項が定められているもの）に従って策定されていること。

　　　i　債務者の有する資産及び負債の評定（資産評定）に関する事項（公正な価額による旨の定めがあるものに限る。）

　　　ii　その計画がその準則に従って策定されたものであること並びに次のｂ及びｃの要件に該当することにつき確認をする手続並びにその確認をする者（その計画に係る当事者以外の者又は所定の者に限る。）に関する事項

　　b　債務者の有する資産及び負債につき上記ａのｉの事項に従って資産評定が行われ、その資産評定による価額を基礎としたその債務者の貸借対照表が作成されていること。

　　c　上記ｂの貸借対照表における資産及び負債の価額、その計画における損益の見込み等に基づいて債務者に対して債務免除等をする金額が定められていること。

　　d　2以上の金融機関等が債務免除等をすることが定められていること。

　　e　政府関係金融機関、株式会社地域経済活性化支援機構又は協定銀行（これらのうち一定のものを除く。）が有する債権その他一定の債権（法規8の6②）につき債務免除等をすることが定められていること。

ホ　イからニまでの事実に準ずる事実（更生手続開始の決定があったことを除く。）……その事実の発生前の原因に基づいて生じた債権

　この場合の欠損金額についても、上記①の場合と同様、適用年度終了の時における前事業年度以前の事業年度から繰越欠損金額で（法令117の2）、具体的には、適用年度の確定申告書に添付する法人税申告書別表五

Ⅳ　その他

（一）の「利益積立金額及び資本金等の額の計算に関する明細書」に期首現在利益積立金額の合計額として記載されるべき金額で、その金額がマイナスである場合のその金額によることとされている（法基通12-3-2）。

なお、この欠損金額には、青色欠損金等とそれ以外のいわゆる期限切れ欠損金とがあることとなるが、上記①の場合と異なり、資産評定（法令24の2③）による評価損益の計上がある場合とない場合とでその控除の優先順位に差異がある。

すなわち、再生計画認可の決定時の評定又は上記ニaⅰの評定による評価損益の計上がある場合には、上記①と同様に、まず期限切れ欠損金の部分から利用したものとされ、次に青色欠損金等の部分を利用したものとされるものの、これらの資産評定による評価損益の計上がない場合には、まず青色欠損金等の部分から先に利用したものとされ、次に期限切れ欠損金の部分を利用したものとされる（法法57⑤、58③、法令112⑫、116の2④、117の2）。

第2部

ケーススタディ

I 貸倒損失の判断基準

1 法律上の貸倒れ

Case I-1-1 更生計画認可決定前の債権放棄

　会社更生法の更生手続の開始決定を受けたX社は、同法第47条《更生債権等の弁済の禁止》第5項の規定により、更生計画認可前に裁判所の許可を得て、次により250万円以下の少額債権の弁済をすることとした。
① 　総額が50万円以下の債権者に対してはその全額を弁済する。
② 　総額が50万円を超え250万円以下の債権者に対しては、50万円を超える部分の金額に相当する債権を放棄することを条件として50万円を支払う。
③ 　これによる弁済を受けない債権者に対しては、その債権を更生債権として更生計画に組み入れることとし、債権者はあらかじめいずれによるかの意思表示をする。

　この場合、上記②により50万円の弁済を受けることを選択した債権者が債権放棄することとなる部分の金額については、貸倒損失として損金算入することが認められるか。それともX社に対する寄附金とされるか。

Explanation

　法人税基本通達9-6-1(1)は、「更生計画認可の決定があった場合において、切り捨てられることとなった部分の金額」を貸倒れとして損金の額に算入する旨を定めており、このCaseの場合はこれに直接には当てはまらない。
　しかしながら、この場合は、裁判所の許可を受けた更生手続の一環と

I　貸倒損失の判断基準

して50万円を超える部分の金額相当額の債権放棄が行われるものであり、実質的には更生計画認可の決定による切捨てと変わるところがないといえる。

　また、上記②に該当することにより債権放棄する債権者にあっては、その債権放棄は経済的な価値判断に基づいて行われるものと考えられるところから、放棄された部分の債権相当額を債務者であるＸ社に対して贈与したものとすることも相当ではない。

　したがって、その放棄した債権相当額は、貸倒損失として損金の額に算入される。

Case I-1-2 再生計画により一定弁済後に切り捨てられる債権の貸倒れ

　A社（3月決算）の取引先であるY社につきX1年9月に民事再生法の規定による再生計画認可の決定がされた。再生債権に係る内容は次のとおりである。

① 再生債権について、無条件で60％相当額が切り捨てられる。
② 残り40％相当額のうちその1/2（20％相当額）を5年間で分割返済する。
③ ②が計画どおり弁済されていれば5年経過後に残債権（20％相当額）を免除する。

　5年経過後に免除することとなる20％相当額は、計画どおりの弁済がされれば当然に切り捨てられるものであるし、計画どおりに弁済されない事態となれば、ほぼ回収できないこととなるのであるから、いずれにしても回収できないものである。

　X1年10月にY社からの第1回の弁済があったが、無条件で切り捨てられる60％相当額と、計画どおりにいけば5年経過後に切り捨てられることとなる20％相当額との合計額をX2年3月期に貸倒処理をしたいが認められるか。

Explanation

　更生計画認可の決定又は再生計画認可の決定があった場合において、この決定により切り捨てられることとなった部分の金額は、この決定があった日の属する事業年度において貸倒れとして損金の額に算入することとなる（法基通9-6-1(1)）。

　これは、法的に金銭債権の全部又は一部が消滅したものについて貸倒損失が発生したと認識するということである。したがって、無条件で切

り捨てられる60％相当額については、上記によりX2年3月期に貸倒損失が発生したことになるので、損金の額に算入されることに問題はない（損金経理要件はないので、仮に会計上損失処理をしていなかった場合は、申告調整により減算することとなる。）。

しかしながら、計画どおりに弁済されれば5年経過後に切り捨てられることとなる20％相当額については、ある一定の条件が達成されるまで債権の消滅という効果が停止されているのであるから、法律上はまだ消滅していない債権ということになる。

したがって、法的に存在する債権（20％相当額）については法人税基本通達9-6-1の適用はないので、X2年3月期においてこれについて貸倒処理をすることはできない。

なお、A社が貸倒引当金制度の適用対象法人であれば、再生計画認可の決定の日を含む事業年度終了の日の翌日から5年を経過する日までに弁済されることとなっている金額以外の金額（20％相当額）について、その事業年度において個別評価金銭債権に係る貸倒引当金の繰入れが認められる（法法52①、法令96①一）。

第2部　ケーススタディ

Case I-1-3　破産手続中の債権放棄

　B社の取引先であるZ社が破産手続に入ったが、破産管財人からは手続終了までは相当の期間を要するとの通知を受けている。B社としては、Z社に対する売掛債権につき保証金を預かっているわけでも、保証人の保証や担保設定などもなく、Z社からの回収は全く見込めないことから、書面により債権放棄を行いたいと考えているが、その放棄により貸倒損失の損金算入が認められるか。

　また、法人税基本通達9-6-1には破産手続の場合の貸倒損失が定められていないが、仮に破産終結まで待った場合、貸倒損失の計上はどうなるのか。

Explanation

　法人税基本通達では、金銭債権が法律上消滅した場合や法律上は消滅していないものの事実上その全額が回収不能となったものについて、貸倒損失の計上が認められる旨定めている（法基通9-6-1、9-6-2）。

　ここで、法律上の貸倒れの場合（法基通9-6-1）では、会社更生法、民事再生法等の法的整理の場合が定められているが、破産法の手続の場合については定められていない。

　これは、会社更生法、民事再生法等では法的に債権を消滅させる手続が定められているのに対し、破産法における法人の破産手続では配当されない部分の債権を消滅させる手続がないことによるものと考えられる。

　このCaseのように、配当が全く見込めない売掛債権については、法人税基本通達9-6-2《回収不能の金銭債権の貸倒れ》により、損金経理をすることで事実上の貸倒れとして損金算入が認められるものと考える。さらに、その債権について書面により債権放棄をするのであれば、法律

上もその金銭債権が消滅することになるから、法人税基本通達9-6-1(4)により、法律上の貸倒れとして損金の額に算入されることとなる。

なお、破産終結まで待つ場合には、B社が貸倒引当金の適用対象法人に該当するのであれば、個別評価金銭債権に係る貸倒引当金（法法52①、法令96①）の繰入れが認められる。

さらに、裁判所が破産法人の財産がないとして、廃止決定又は終結決定を出した場合は、その破産法人の登記も閉鎖されることとなり、その時点で破産法人は消滅するのであるから、その決定により破産債権者が破産法人に対して有する金銭債権もその全額が法律上消滅したと考えられる。したがって、破産手続の廃止決定又は終結決定を理由に法律上の貸倒れとして処理することとなろう（平20.6.26裁決）。

一方、個人破産者の場合には、免責許可の決定によりその責任を免れることとなるので（破産法253）、免責許可決定をもって法律上の貸倒れとして処理することとなると考えられる。もっとも、免責許可の決定前であっても、破産手続の同時廃止の決定があった場合は、債務者が破産手続費用の支弁すら不可能な状態にあるわけであるから、事実上の貸倒処理（法基通9-6-2）ができると考える。

第2部　ケーススタディ

Case I-1-4　更生会社に保証人がいる場合の貸倒損失

　更生会社であるX社は、会社更生法の規定による更生計画認可の決定を受けた。C社はX社あての更生債権1億円を有しているが、更生計画認可の決定により2,000万円の弁済を受け、残債権8,000万円が切り捨てられることとなった。

　このX社あて債権についてはY社が連帯保証人となっているが、Y社は民事再生法の再生手続開始の決定を受けており、その再生計画案によればC社には900万円の弁済が予定されており、このまま再生計画案が可決・認可される見込みとなっている。

Explanation

　更生計画認可の決定により切り捨てられた債権の全部又は一部について、保証人等が存在する場合には、従属性の原則の例外として、保証人等に切捨ての効果は及ばないこととされている（会社更生法203②）。

　なお、再生計画認可の決定により切り捨てられた債権についても同様に、保証人等に切捨ての効果は及ばない（民再法177②）。

　法人税基本通達9-6-1は、金銭債権の法的な滅失を理由として貸倒損失の発生を認識するものであるから、保証人に対する権利行使が可能である以上、保証人からの回収額が確定していない段階で直ちに貸倒損失として処理することは認められないと考える。

　しかしながら、次の点を考慮すれば、更生会社（又は再生会社）に保証人がいる場合であっても、法人税基本通達9-6-1による貸倒損失の計上が認められる余地があると考える。

　すなわち、金融機関の不良債権処理ついて、昭和25年以来、旧大蔵省と国税庁の間の取決めで、旧不良債権証明制度（現在は廃止されている。）

Ⅰ　貸倒損失の判断基準

が実施されていた経緯があり、その取扱要領により旧大蔵省銀行局金融検査官が証明したものについては、その証明を尊重し税務当局もこれを認める取扱いが行われていた。その「不良債権償却証明制度等実施要領について」（平5.11.29蔵検439号／廃止平9.7.4蔵検296号）では、「法人税基本通達「9-6-1」の会社更生計画の認可決定等によって切り捨てられた債権の全部又は一部について、保証人によって回収できることが明らかなときは、当該金額を控除して貸倒れ処理するよう指導する。」とされていたところである。

　したがって、このCaseの場合、切り捨てられた8,000万円から保証人から回収できることが明らかな900万円を控除した残額7,100万円を貸倒損失として損金算入することが認められるものと考える。

第2部 ケーススタディ

Case Ⅰ-1-5 特別清算の場合の個別和解による債権放棄

　D社の取引先であるZ社は、会社法の規定による特別清算の開始の命令を受けていたが、この度、D社が有する金銭債権6,000万円について、Z社との間で個別和解が成立した。

　D社は900万円の一括弁済を受けることと引換えに、残額の債務免除をするというものであるが、この債務免除額5,100万円について貸倒損失として認められるか。

Explanation

　法人税基本通達9-6-1では、特別清算の協定の認可の決定があった場合において、この決定により切り捨てられることとなった部分の金額について、その決定があった日の属する事業年度において貸倒れとして損金の額に算入する旨が明らかにされている（法基通9-6-1(2)）。

　しかしながら、協定によらず個別和解により債権を切り捨てる場合については明らかにされていないので、次のいずれに該当するかどうかを判断する必要がある。

イ　法令の規定による整理手続によらない関係者の協議決定で、①債権者集会での合理的な基準により債務者の負債整理を定めているもの又は②行政機関・金融機関その他の第三者のあっせんによる当事者間の協議により締結された契約でその内容が①に準ずるものにより切り捨てられることとなった場合（法基通9-6-1(3)）

ロ　債務者の債務超過の状態が相当期間継続し、その金銭債権の弁済を受けることができないと認められる場合において、その債務者に対し書面により債務免除額を明らかにした場合（法基通9-6-1(4)）

　上記イは債権者集会等の多数当事者による合意が前提であるところか

ら、このCaseの個別和解のような場合には該当しないと思われる。

したがって、貸倒損失を計上するとすれば上記ロによるほかはないこととなるが、このCaseの場合は、上記ロに該当すると考えられる（和解条項につき文書を作成することで、文書による債務免除という要件も満たすこととなる）ので、これによる貸倒処理が可能と考える。

ただし、債務免除額が弁済不能であることが判明していないような場合には、Z社に対する利益供与として寄附金課税の対象となり得るが、この場合には、子会社等の整理・再建のための債権放棄等であるときには寄附金に該当しないとする取扱い（法基通9−4−1、9−4−2）の適用の可否を別途検討することとなる。

Case I-1-6 債権者集会の協議決定における合理的な基準

E社はX社に対して多額の貸付債権を有しているが、同社の業績の急激な悪化に伴い5年前から元利金の支払がなく、この度、任意整理に入らざるを得なくなった。

E社が主導して債権者集会を開き、債権者集会において、かなりの紆余曲折を経て次の内容による協議決定をした。

① 100万円以下の債権者については、その全額を弁済する。
② E社は、役員を派遣しZ社の経営に関与してきたこともあり、90%を切り捨てる。
③ 金融機関は、50%を切り捨てる。
④ その他の債権者についは、30%を切り捨てる。

このように債務の弁済、債権の切捨割合に差がある場合であっても、合理的な基準によるものとして貸倒処理できるか。

Explanation

法令の規定による整理手続によらない関係者の協議決定で「債権者集会の協議決定で合理的な基準により債務者の負債整理を定めているもの」により切り捨てられることとなった部分の金額は、貸倒れとして損金の額に算入される（法基通9-6-1(3)イ）。

この「合理的な基準」は、特段の事情がない限り、一般的には全ての債権者においておおむね同一の条件で切捨額が定められるようなことをいうが、利害関係が対立する第三者間において、その債権の発生原因、債権額の多寡、債権者と債務者との関係、債権の発生時期などにつき総合的に協議され、その結果として切捨額等が決定されている場合には、合理的な基準によるものと考えられる。

Case I-1-7 債務超過状態の「相当期間」等

　F社は、取引先であるY社に対して7,000万円の貸付債権を有している。Y社は3年ほど前から債務超過の状態となり、7,000万円の貸付債権のうち1,000万円については回収できたが、その業績及び資産内容等からみても、今後その貸付金残額の回収が見込まれない状況にある。

　そこで、F社はY社に対して有する貸付金残額6,000万円について書面により債務免除を行うこととしているが、この場合、貸倒れとして損金算入することとなるか。

　なお、F社とY社との間には資本関係や同族関係などの特別な関係はなく、全くの第三者間の取引である。

Explanation

　法人の有する金銭債権について、債務者の債務超過の状態が相当期間継続し、その金銭債権の弁済を受けることができないと認められる場合において、その債務者に対して書面により明らかにされた債務免除額は、その明らかにされた日の属する事業年度において貸倒れとして損金の額に算入することとされている（法基通9-6-1(4)）。

　第三者間取引であることをもって無条件に貸倒損失の計上ができるというものではないが、金銭債権の回収可能性を十分に検討した上で、やむなく債務免除を行うということが客観的に明らかであることが一般的であると考えられるので、このCaseの場合も一般的には貸倒れとして損金の額に算入される。

　なお、上記取扱いの適用については、次の点に留意する必要がある。
① 「債務者の債務超過の状態が相当期間継続」しているという場合の「債務超過の状態」とは、その弁済能力を判断するためのものであるか

ら、債務者の有する資産及び負債を時価ベースで判定することとなる。
② 「相当期間」とは、債権者が債務者の経営状態等をみて回収不能かどうかを判断するために必要な合理的な期間をいうから、形式的に何年ということではなく、個別の事情に応じその期間は異なることとなる。
③ 債務者に対する債務免除の事実は書面により明らかにされていれば足りるので、必ずしも公正証書等の公証力のある書面によることを要するものではないが、書面の交付の事実を明らかにするためには、債務者からその書面の受領書を受け取るか、内容証明郵便等により交付することが望ましい。

I 貸倒損失の判断基準

Case I-1-8 「個人版私的整理ガイドライン」に基づく債権放棄

　G社の取引先である個人事業者Zは、東日本大震災の被害を受け、事業性ローンのみならず住宅ローンの債務を弁済できない状況に陥った。Zに対してローン債権を有する金融機関が中心となって「個人債務者の私的整理に関するガイドライン」に基づいた弁済計画を作成し、Zの最大かつ主要取引先であるG社もこれに協力することして同計画が成立した。

　この弁済計画に従い、G社はZに対する金銭債権の一部を放棄することとなる。

Explanation

　東日本大震災の影響により生じたいわゆる「二重債務問題」については平成23年6月に政府の対応方針が取りまとめられたところであるが、これを受けて、個人である債務者に対して、破産手続等の法的倒産手続によらず、私的な債務整理により債務免除を行うことによって、債務者の自助努力による生活や事業の再建を支援するため、金融機関団体、商工団体等が中立公平な学識経験者などとともに協議を重ね、その指針となる「個人債務者の私的整理に関するガイドライン」を策定、公表し（平23.7.15）、平成23年8月22日から運用が開始されている。

　このガイドラインに基づく弁済計画が成立した場合には、これにより権利を変更されていることが予定されている「対象債権者」（同ガイドライン2⑵）において債権放棄により生じた損失は、法人税基本通達9－6－1⑶の「法令の規定による整理手続によらない関係者の協議決定で切り捨てられることとなった部分の金額」であり、その切捨てが同通達⑶ロにいう「行政機関又は金融機関その他の第三者のあっせんによる当事者間

83

の協議により締結された契約でその内容がイ（合理的な基準により債務者の負債整理を定めているもの）に準ずるもの」に該当するから、法人税法上、債権放棄の日の属する対象債権者の事業年度において貸倒れとして損金の額に算入することとなる（平23.8.16付　国税庁文書回答「『個人債務者の私的整理に関するガイドライン』に基づき作成された弁済計画に従い債権放棄が行われた場合の課税関係について」）。

　なお、個人債務者において債務免除を受けたことによる債務免除益は、所得税法第44条の2《免責許可の決定により債務免除を受けた場合の経済的利益の総収入金額不算入》第1項にいう「その他資力を喪失して債務を弁済することが著しく困難である場合」に受けた経済的な利益の価額に該当し、所得税法上、各種所得の金額の計算上収入金額又は総収入金額に算入しないものとされている。

Case I-1-9 弁護士等のあっせんにより債権の切捨て等の契約を締結した場合

　債権切捨て等の契約のあっせん者が行政機関や金融機関ではなく、弁護士等の場合であっても、その内容が真実であると認められるときは、法人税基本通達9-6-1《金銭債権の全部又は一部の切捨てをした場合の貸倒れ》(3)ロの取扱いの適用が認められるか。

Explanation

　法人税基本通達9-6-1(3)ロは、法令の規定による整理手続によらない関係者の協議決定で「行政機関又は金融機関その他の第三者のあっせんによる当事者間の協議により締結された契約で」その内容が合理的な基準により債務者の負債整理を定めているものにより切り捨てられることとなった部分の金額について、法律上の貸倒れとして損金の額に算入することが明らかにされている。

　「行政機関」や「金融機関」は利害関係を超えた第三者であることの例示であるので、弁護士であっても「第三者」になり得る。ただ、契約のあっせん者が当事者等と利害関係を共有する立場にある者である場合には、その内容の真実性、合理性を確認することが困難なことも多いと思われる。例えば、公正証書を作成する等の方法が採られており、かつ、その内容が合理的な基準により決定されていると認められる場合には、この取扱いの適用があるものと考える。

　なお、「その他の第三者」としては、例えば、商社や主要取引先等もこれに該当し得ると考えられる。

Case I-1-10 法律上の貸倒れの申告調整による損金算入

　H社は、今期大口の金銭債権について、その債務者の債務超過の状態が相当期間継続し、その全額が回収不能であることが明らかになったことから、書面により債務免除の通知を行った。

　本来であれば、今期の決算書上特別損失として処理すべきであるが、H社の今期の業績が芳しくないことから、決算書上は損失を計上せず、申告調整により損金算入したいと考えている。

Explanation

　法人税基本通達9-6-1《金銭債権の全部又は一部の切捨てをした場合の貸倒れ》は、回収不能である金銭債権について、その債権が法律上も消滅したことによる貸倒れの取扱いを明らかにしているものであり、損金経理を要件とするものではない。

　したがって、その債権放棄が、同通達(4)に該当するのである限り、申告調整による損金算入が認められる。

　ただし、決算書上の利益を敢えて過大に表示するという手法は、法人税法上（課税所得の計算上）はともかく、会社法、企業会計からは決して好ましいことではないし、翻って、同通達(4)に該当していることの真実性を疑われる結果となりかねないから、慎むべきであると考える。

I 貸倒損失の判断基準

Case I-1-11 特定調停による債務免除額の貸倒処理

　I社の貸付先であるX社は、業績が著しく悪化し債務の全額を弁済することが不可能となったことを理由として、簡易裁判所に特定調停を申し立て、大部分の債権者が特定調停手続に参加し、この度、調停が成立した。

　I社がX社に対して有する金銭債権1億2,000万円については、5,000万円の一括弁済を受けることとし、残額については債務免除を行うこととなった。

Explanation

1 特定調停法

　特定債務等の調整の促進のための特定調停に関する法律（特定調停法）は、経営困難な状況にある法人等に対して債権を有する金融機関等の債権者の債権放棄を促し、それら債務免除等を通じて、債務者の再生又は再建を支援することを目的とし、民事調停の特例として、平成12年2月17日に施行された。

　民事調停は民事の様々な争いを対象としているが、特定調停では、支払不能に陥るおそれのある債務者（特定債務者）の経済的再生を図るため、特定債務者及びこれに対して金銭債権を有する者その他の利害関係人の間における金銭債務の内容の変更、担保関係の変更その他の金銭債務に係る利害関係の調整（特定債務等の調整）を行う（特定調停法1、2）。

2 元本又は未収利息の全部又は一部の免除が貸倒損失に該当する場合

　特定調停において元本又は利息（元本に充当される利息を除く。）の全部又は一部の放棄が行われ、次のような場合に該当するときは、その債権放棄の額は貸倒れとして損金の額に算入される。

① 行政機関又は金融機関その他の第三者のあっせんにより締結された契約でその内容が、「債権者集会の協議決定で合理的な基準により債務者の負債整理を定めているもの」に準ずるものにより、切り捨てられることとなった部分の金額（法基通9-6-1(3)ロ）
② 債務者の債務超過の状態が相当期間継続し、その金銭債権の弁済を受けることができないと認められる場合において、その債務者に対し書面により明らかにされた債務免除額（法基通9-6-1(4)）

なお、上記①又は②のいずれにも該当しない場合は、一義的には、経済的利益の供与として寄附金に該当することとなるが、この場合には、子会社等の整理・再建のための債権放棄等である場合には寄附金に該当しないとする取扱い（法基通9-4-1、9-4-2）の適用の可否を別途検討することとなる。

(注) 金融円滑化法の終了（平25.3.31）に対応し、中小企業の債務整理を実施し、適切な経営改善・事業再生を実施するため、日本弁護士連合会が、最高裁判所、中小企業庁等の関係機関との協議を経て策定した「特定調停スキーム」を利用して策定された再建計画に従って行われた債権放棄については、法人税基本通達9-4-1の適用がある（平26.6.27付 国税庁文書回答「特定調停スキームに基づき策定された再建計画により債権放棄が行われた場合の税務上の取扱いについて」）。

3 2①に該当する貸倒損失

特定調停により放棄することとなる金額が上記2①に該当して貸倒れとなる場合としては、ⓐ債権者集会と同様に大部分の債権者が特定調停手続に参加し、ⓑ負債整理が合理的な基準により定められているときということとなる。

このCaseの場合には、これに該当するとも考えられるが、「合理的な基準」により債権放棄額が定められているかどうかが、なお明らかでないので、この点を検討する必要がある。

なお、「合理的な基準」とは、一般的に全ての債権者についておおむね同一の条件でその切捨額等が定められているような場合をいうが、例えば、少額債権者については優先的に弁済するようなことも、状況次第によっては「合理的な基準」に該当すると考えられる。

4　2②に該当する貸倒損失

特定調停により放棄することとなる金額が上記2②に該当して貸倒れとなる要件は、次のとおりとなる。

ⓐ　特定債務者の債務超過の状態が相当期間継続していること。

ⓑ　ⓐにより、金銭債権の弁済を受けることができないと認められること。

ⓒ　特定債務者に対し書面（調停調書）により明らかにした債権放棄であること。

なお、金銭債権の弁済を受けることができないか否かは、債務者の実質的な財産状態を検討する必要があることから、ⓐの「債務超過」の状態か否かは、時価ベースにより判定することとなる。

Case I-1-12 特定調停における「回収することができない場合」

特定調停おける債権放棄が、法人税基本通達9-6-1の貸倒れとして認められる場合には、どのような場合があるか。

Explanation

法人税基本通達9-6-1《金銭債権の全部又は一部の切捨てをした場合の貸倒れ》では、金銭債権のうち回収することができないと認められる部分の金額を放棄（切捨て）した場合に、貸倒れとして損金の額に算入することを明らかにしている。

「回収することができない」と認められるか否かについては、その債務者の資産状況、支払能力等をみて個別に判断することとなるが、特定調停による債権放棄について、次のような事実が認められる場合には、貸倒れに該当すると考えられる。

① 個人債務者等が無一物（資力喪失）になるような場合
② 資産を有しない個人債務者で生活保護を受け、年間収入からの弁済が全く見込まれないか又は僅少である場合
③ 資産の処分以外に弁済が見込まれない債務者において、その有する資産につき評価額以上の先順位の担保権が設定されていること等により、その資産からの回収が見込まれない場合又は実質的に担保が設定されていないと認められる場合
④ 法人債務者に資産がなく、債権につき代表者の人的保証のみが担保とされている場合において、その代表者が上記①～③の状態にあるとき

いわゆるクレジット・サラ金等の個人の多重債務に係る特定調停による債権放棄は、このようなことから貸倒れとなることが多いと考えられる。

Ⅰ　貸倒損失の判断基準

　なお、特定調停では、申立人（債務者）は、財産の状況を示すべき明細書その他特定債務者であることを明らかにする資料及び関係権利者（債権者、担保権者）の一覧表を提出しなければならないこととされている（特定調停法3③）ことから、これらの資料から回収できないと認められるかどうかを判定していくこととなると考える。

第 2 部 ケーススタディ

Case I-1-13　時効の援用を受けた場合の貸倒損失

　J社（中小企業）は代表者甲の親戚乙（J社の株主でも役員でもない）に対して 1 億余りの貸付金があるが、15年前を最後に回収及び回収の督促をしていない。

　15年前の回収時に、乙は自宅の売却により返済原資を賄っている。

　昨年乙が死亡し、今年になってから乙の相続人に貸付金の返済について督促したところ、乙の相続人が時効の援用をした。

　この場合、時効の援用を受けたことにより乙に対する金銭債権が法的に消滅するので、貸付金残額の全てを債権消滅損として損金処理してよいか。

Explanation

　法人税基本通達 9 - 6 - 1 《金銭債権の全部又は一部の切捨てをした場合の貸倒れ》では、いわゆる「法律上の貸倒れ」として、法人の有する金銭債権について、更生計画認可の決定等、一定の事実が発生した場合には、その金銭債権の額のうち法律上消滅した金銭債権の金額は、その事実の発生した日の属する事業年度において貸倒れとして損金の額に算入することとされている。

　このCaseの場合のような「時効の援用」という事実はこの通達上は掲げられていないが、営利法人が時効中断の手当てもせずに放置しておくことが考えられないことによるものと思われる。

　しかしながら、金銭債権が法律的に消滅した以上、これを資産計上したままにしておくことは架空資産を計上することと同義であるから、何らかの処理が必要であることは当然であると考える。

　ただ、これが単純に損失として時効の援用を受けた事業年度の損金の

額に算入することが認められるかどうかという点については、疑問が生ずる。結局、税法の解釈や通達の適用というのではなく、事実認定の問題に帰着することとなるが、次のような点が問題となると思われる。

① 営利活動を行うＪ社がなぜ乙（代表者の親戚）に金銭の貸付けを行ったのか、代表者甲を連帯保証人にしなかったのはなぜか。
② 金利の収受はどうであったのか。
③ 15年前の返済時以後なぜ返済の督促をしてこなかったのか。
④ 15年前に乙は自宅を処分してまで返済していることから、この時点で残額については免除していたのでないか。

例えば①に関していえば、「代表者甲の親戚だから」という理由で貸付けを行ったのだとすれば、その実質的な債務者は甲であったのではないかとの疑問も生ずる。また、営利法人が時効中断の措置もとらずに放置していたのは、経済的利益の供与（時効援用による債務の消滅）を予定した（＝贈与の予約をした）ことであり、ここにきて時効の援用により債権が消滅したのは、その予約を実行したこととなるから、その金銭債権の消滅は寄附金に該当するとの考え方も成立するように思われる。

③に関していえば、④と合わせて、既に15年前の時点で残債については債務免除していたのではないか、とすれば、「時効の援用」の時点ではなく、15年前の時点（除斥期間を徒過している）での貸倒損失（又は寄附金）であり、当期の損失ではないから、会計上損失計上したとしても、申告加算（過年度損益修正損否認・社外流出）すべきであるとの考え方もあり得る。

いずれにしても事実認定の問題である。

Case I-1-14　同族会社の代表者に対する貸付金の貸倒処理

　同族会社であるK社は、代表者甲に対して約12億円の貸付債権を有し、認定利息を役員給与として処理していた。過去の税務調査で認定利息の利率が低いとの指摘を受けて源泉所得税の追加納付をした経緯もある。

　この度甲が死亡したが、甲の積極財産よりもK社からの借入金の方が明らかに多いことから、甲の相続人全員が相続放棄を行った。

　そのため、K社は甲の積極財産（死亡退職金、K社株式（30％）を含む）を回収して貸付債権に充てたものの、5億円の債権が未収となってしまった。

　既に甲の相続人全員が相続放棄を行っている以上、K社においては貸付残額の回収手段はなく、5億円を貸倒損失として処理せざるを得ない。税務上も貸倒損失として認められるか。

Explanation

　K社から甲に対する貸付金12億円の発生経緯が不明であるので、一概にはいえないが、正常な貸付金の発生であったことを前提とすれば、甲に対する貸付金残高5億円は、相続人全員の相続放棄により法律的に消滅したことになるから、相続放棄が確定した時に貸倒損失として損金算入することで差し支えないと考える（法律上の債権が消滅したのであるから、法人税基本通達9-6-1と同様に損金経理を要件とするものではない。）。

2 事実上の貸倒れ

Case I-2-1 事実上の貸倒れの取扱いにおける留意事項

　A社の取引先であるX社は、手形交換所の取引停止処分を受け、X社に見るべき資産もなく、代表者も行方不明であることから、同社に対する売掛金債権（無担保）5,000万円の全額が回収不能と見込まれる。

　法的整理も私的整理もなされていないが、貸倒損失の計上が認められるか。

　また、今期は、A社自身の業績が必ずしも芳しくなく、赤字決算を避けるため、今期では損金経理を行わず、翌期に全額を損金経理することが認められるか。又は今期において1,000万円だけを損金経理により貸倒損失を計上し、残額の4,000万円を申告調整により4表減算することは認められるか。

Explanation

　法的整理も、私的整理も行われておらず、これらの手続による金銭債権の切捨ても行われていないから、法人税基本通達9-6-1による貸倒損失の発生はないこととなる。

　法人税基本通達9-6-2《回収不能の金銭債権の貸倒れ》の取扱いは、金銭債権に係る債務者の資産状況、支払能力等からみて「その全額が回収できないことが明らかになった場合」に、「その明らかになった事業年度において」、「貸倒れとして損金経理することができる」こととされており、「事実上の貸倒れ」と呼ばれるものである。

　したがって、事実上の貸倒れの取扱いを受けるためには、まず、全額が回収できないことが明らかになったことが必要であり、事実認定の問

題ではあるが、例えば、債務者について破産、強制和議、強制執行、整理、行方不明、債務超過、天災事故、経済事情の急変等の事実が発生したため回収の見込みがない場合のほか、これらの事実が生じていない場合であっても、資産状況の如何によっては、これに該当するものとして弾力的に取り扱われている。

　このCaseの場合、「全額が回収できないことが明らかになった場合」に該当するものと思われるので、法人税基本通達9－6－2の取扱いにより、5,000万円を損金経理することで貸倒損失の損金算入をすることができる。

　この場合、その明らかになった事業年度はいつなのか、という点が次の問題となる。

　全額回収不能が明らかになったのであれば、直ちに貸倒処理を行うのが会社法ないしは企業会計上の考え方であり（会社計算規則5④）、いやしくもこれを利益操作に利用するようなことは公正妥当な会計処理とは認められない。したがって、このCaseの場合、代表者の行方不明が明らかになったのが翌期であるなどの事情があればともかく、今期中に回収不能が明らかになったとすれば、今期に貸倒れとして損金経理すべきであり、損金経理を翌期に行うことは認められない。

　次に、この取扱いは「貸倒れとして損金経理する」ことが要件となっており、この場合の損金経理する金額は、「その全額」が予定されているから、このCaseのように、一部分だけを損金経理して貸倒損失とすることは認められない。また、損金経理が要件となっているから、申告調整による別表四での減算処理も認められない。

　ただし、手形交換所の取引停止処分は、形式基準による個別貸倒引当金の繰入事由（法令96①三ホ、法規25の3一）にもなっているので、A社が貸倒引当金制度の適用対象法人（資本金の額又は出資金の額が1億円以下である普通法人で大法人等との間の完全支配関係等がないもの）であれば

(法法52①)、その損金経理額は、「個別評価金銭債権に係る貸倒引当金の損金算入に関する明細書」の確定申告書への添付を条件に、個別貸倒引当金の繰入額として取り扱われる可能性がある（法基通11-2-2）。

Case I-2-2 建物の賃貸借契約の解除に伴う相殺後の保証金の貸倒損失

　B社は、Y社から従業員のための寮としてアパート（数室）を借り上げ、保証金200万円と毎月の賃借料を支払っていた。

　Y社の代表者甲（アパート建物の敷地の所有者）が破産し、甲及びY社の債権者である金融機関により当該土地・建物が差し押さえられ、その後競売されることとなった。

　B社は、賃貸借契約の継続が不可能と判断し、X1年1月にY社あてに解約通知書を送付し、①明渡しはX1年3月末日、②X1年2、3月分の賃借料は保証金と相殺、③相殺後の保証金の返還期日はX1年3月末日という内容で両社合意の上、賃貸借契約を解除した。

　その後、相殺後の保証金100万円につき数回にわたって返還を求めたが、その支払がないままX2年3月期末を迎えようとしている。

　個人である甲は破産したがY社自体は破算申立て等をしたわけでもなく、登記上は存在している。個人甲からは、Y社には支払能力がない旨の書面を受け取っているものの、その詳細は不明である。Y社はその所有していた賃貸建物を金融機関の差押え・競売により失い、休眠状態（清算手続にも費用を要するので、放置してあるものと思われる）となっている。

　この相殺後の保証金100万円（金銭債権として資産計上）について貸倒損失の計上が認められるか。

　なお、Y社が他に資産を保有しているとは思えないが、まだ詳細不明であることもあり、債権放棄を行ってはいない。

Explanation

　金銭債権に係る貸倒損失の計上の取扱いとしては、①法律上の貸倒れ（法基通9-6-1）、②事実上の貸倒れ（法基通9-6-2）及び③売掛債権

の特例(法基通9-6-3)がある。

　このCaseの場合の相殺後の保証金の返還請求権は、金銭債権に該当するが、Y社が法律上存続し、法的・私的整理手続を行っておらず、その金銭債権が法律的に消滅したわけではないので、①の法律上の貸倒れには該当しない。また、この返還請求権は売掛債権にも該当しないので、③の取扱いの適用もない。

　②の事実上の貸倒れは、法人が有する金銭債権につき、その債務者の資産状況、支払能力からみてその全額が回収できなくなったことが明らかになった場合に、その明らかになった事業年度において損金経理を要件として貸倒損失の損金算入を認めるという取扱いである。この場合の「……その全額が回収できなくなったことが明らかになった」かどうかの事実認定については、例えば、債務者について破産、強制和議、強制執行、整理、死亡、行方不明、債務超過、天災事故、経済事情の急変等の事実が発生したため回収の見込みがない場合のほか、債務者についてこれらの事実が生じていない場合でも、その資産状況の如何によっては、これに該当するものとして弾力的に取り扱われている。

　このCaseの場合、Y社所有の賃貸建物が金融機関によって競売に付されたということであるので、他に換価すべき資産がないものと思われ、この金銭債権の全額が回収不能として②の取扱いが適用できると考える。

第2部　ケーススタディ

Case I-2-3　保証債務に係る貸倒損失

　C社は、その取引先であるZ社に依頼され、その銀行借入れについて連帯保証をしていたが、Z社が倒産し、代表者も行方不明となった。

　銀行から保証債務の履行を求められたが、一度に支払うことはできないことから、5年にわたって分割で支払うことで了解を得た。

　全額で5,000万円支払うこととなるが、保証債務が確定しており、Z社に対する求償権の行使もできない状況であるので、損金経理により、5,000万円全額を損失に計上してよいか。

Explanation

　他人の債務について保証をし、その保証債務を履行した場合には、主債務者に対する求償権を取得する。そして、主債務者の状況からみて、求償権の行使ができないと認められるときは、その求償権について貸倒処理を行うこととなるが、保証債務は偶発債務でありこれを履行するまでは求償権という具体的な債権を生じない。

　したがって、保証債務については、これを履行するまでは、具体的な債権が存在せず、存在しない債権について貸倒れは発生し得ないから、これについて貸倒処理をすることは認められないこととなる（法基通9-6-2（注））。

　この場合の履行とは、保証債務の確定をいうのではなく、現実に支払うことをいうから、このCaseの場合、5,000万円を一時に損失に計上することは認められず、分割支払の都度、その求償権について貸倒処理を行うこととなる。

I 貸倒損失の判断基準

Case I-2-4 法人が取引先等の債務に係る保証債務を弁済した場合

法人が取引先その他事業に関連する他の法人の債務に係る保証債務を履行した場合に、税務上は損金算入の可否についてどのような点を基準に判断すればよいか。

Explanation

法人を、営利追求を目的とした合理的経済人として理解した場合、他の法人の債務について保証するということには、何らかの経済合理的な理由があるはずである。何らの合理的な理由もなく他の債務保証をすることは問題があるといわざるを得ず、停止条件付贈与契約又は贈与の予約契約とも考えられる。そのような場合で保証債務を履行し、求償権が回収不能になった場合には、主たる債務者に対して経済的利益を贈与（予約の実行）したものとして、寄附金に該当する。したがって、おおむね次のような点を目安として検討し、その保証債務に係る弁済額を損金として容認することが相当かどうかを判断することとなる。

① その債務について保証することが、保証する側の法人の事業に貢献する等、保証について合理的な理由があるか。
② その保証の当時、主たる債務者の事業不振等により近い将来（3年から5年程度）において、保証債務を履行する事態に陥ることが予測されてはいなかったか。
③ 保証債務を履行することによって、保証債務を履行した法人の役員等が個人的に負担すべき損失を不当に免れていないか。
④ 主たる債務者について、今後、保証債務の履行により取得する求償権に係る債権の回収の見込みが全く立たないか。

（国税ＨＰ質疑応答事例に加筆）

Case I-2-5 劣後抵当権の担保物がある場合

D社は、X社に対する貸付金1,000万円の担保として、X社所有の土地・建物に抵当権を設定している。

X社が倒産したが、X社には担保とした土地・建物のほかは見るべき資産がない上、D社の担保順位は第5順位となっており、これを処分されたとしてもその資産価値が低いことから、D社に対する配当の見込みがなく、全額が回収不能であることが明らかな状況にある。

この場合でも、担保物件を処分した後でなければ法人税基本通達9-6-2による貸倒処理をすることができないか。

Explanation

法律的には金銭債権が存在するものの、その債務者の資産状況、支払能力等からみて、実質的にその全額が回収できないことが明らかになった場合には、その明らかになった事業年度において、損金経理により貸倒処理をすることができる（法基通9-6-2）。

この場合において、その金銭債権について担保物があるときは、その担保物の処分後の状況により回収不能かどうかを判断すべきであるから、その担保物を処分し、その処分によって受け入れた金額を控除した残額について、その全額が回収できないこととなるかどうかを判定することとなる。

したがって、原則としては、担保物が劣後抵当権であっても、その担保物を処分した後でなければ貸倒処理を行うことはできないこととなる（法基通9-6-2）。

仮に担保物件の資産価値が低く担保物からの回収がほぼ見込まれないとしても、貸倒引当金制度の適用法人であれば、個別評価金銭債権に係

る貸倒引当金（法法52①、法令96①二）により損金処理を行うというのが基本的な考え方である。

　しかしながら、従前から、担保物からの回収が見込まれず、抵当権が名目的にすぎない場合には、法人税基本通達9-6-2による貸倒損失の計上を認めるという弾力的な取扱いがされており（国税当局から差し支えない旨の回答を得たとの会員銀行への連絡……平11.3.30付　全銀協通達「貸倒償却および個別貸倒引当金繰入れの税務上の取扱いについて」平11調々第53号）、国税庁ホームページ質疑応答事例でも同旨の回答がなされていることから、このCaseの場合には、担保物を処分する前であっても貸倒処理が認められるものと考える。

　なお、担保物の処分よって回収可能な金額がないとはいえない場合には、その処分後でなければ貸倒処理は認められないこととなるが、回収可能性のある金額が少額にすぎず、その担保物の処分に多額の費用を要することが見込まれ、債務者の債務超過の状態が相当期間継続している場合に、債務者に対して書面により債務免除を行ったときは、その債務免除を行った事業年度において貸倒れとして損金の額に算入される（法基通9-6-1(4)）。

Case I-2-6　保証人がいる場合

　E社は、得意先Y（個人事業者）に対する売掛債権の回収を図るため、Yと分割返済の契約を締結し、その際、Yの実兄Zを保証人とした。Zに資力があったわけではないが、Yの分割返済を監督させるという意味もあってZを保証人としたものである。

　その後、Yは3回分の返済を行った後、自己破産してその資産状況、支払能力等からみてその全額が回収不能となったことから、保証人Zからの回収を検討したところ、Zは生活保護と同程度の収入しかない上、その資産からの回収も見込まれないことが判明した。

　そこで、E社は、Zに対して保証債務の履行を求めることなく、残債権について貸倒れとして損金経理したいが、認められるか。

Explanation

　法人の有する金銭債権につき、その債務者の資産状況、支払能力等からみて、その全額が回収できないことが明らかになった場合には、その明らかになった事業年度において、損金経理により貸倒処理をすることができる（法基通9-6-2）。

　したがって、E社のYに対する売掛債権残額の全てが回収不能か否かがまず問題となるが、Yが自己破産したということであるから、Yには回収すべき資産がないものと認められ、弁済が不能であると考えられる。この場合でも、E社の売掛債権には保証人が存在するから、保証人Zからの回収を検討することとなる。

　しかしながら、保証人Zは、生活保護と同程度の収入しかない上、その資産からも回収できず、支払能力が全くないということであれば、Yに対する売掛債権残額は全額回収不能として、税務上、損金経理による

貸倒処理（法基通9-6-2）が認められる（国税当局から差し支えない旨の回答を得たとの会員銀行への連絡……平11.3.30付 全銀協通達「貸倒償却および個別貸倒引当金繰入れの税務上の取扱いについて」平11調々第53号参照）。

Case I-2-7 破産手続終結前の貸倒損失

　F社の取引先であるX社は、破産法による破産手続中であるが、破産管財人からは、手続終結まで相当の期間を要するといわれている。

　当初はX1年6月期で貸倒処理を予定していたが、同期末までには破産手続は終了しない見込みとなっている。このような場合は破産手続が終結するまでは貸倒処理をすることはできないか。

　なお、破産管財人から、破産財団に対する財団債権（税金など）、優先的破産債権も全額を支払うことができず、一般債権者に対する配当はできないとの文書を受け取っている。

Explanation

　法律上の貸倒れの取扱い（法基通9-6-1）には、破産手続に係る取扱いが明らかにされていない。これは、
① 破産手続には「債権の切捨て」という手続が存在しないこと
② 破産手続が終結したとしても配当により弁済がされなかった部分の金額について免責決定があるまでは債権が消滅せず、また、免責決定があったとしても債務者の保証人や担保提供者に対する権利や担保に対して何ら影響を及ぼさないこととされていること
によるものと考えられる。

　しかしながら、保証人や担保提供者のことを除けば、免責決定により債務者は破産債権につき責任を免れることになり、また、破産手続終結により法人である債務者は消滅することとなるから、これらの時点で法律上の債権が消滅したとして貸倒処理をすることとなる（法律上の債権が消滅したのであるから、法人税基本通達9-6-1と同様に損金経理は不要である）。

一方、破産手続が終結する前においては、配当を受けることができないと認められる部分の金額を債権放棄すれば、法律上の貸倒れ（法基通9-6-1(4)）として貸倒処理をすることとなるものの、債権放棄をしない場合には、法律的に債権が消滅したとはいえないから、法律上の貸倒処理は認められない。

しかしながら、破産手続終結前であっても、破産管財人から配当ゼロの証明がある場合や、その証明が受けられない場合でも債務者の資産の処分が終了し、今後の回収の見込まれないまま破産終結までに相当期間かかるときは、配当がなく全額が回収不能であるものして、法人税基本通達9-6-2の取扱いにより、損金経理を要件に、貸倒処理をすることを認める弾力的な取扱いが行われている（国税当局から差し支えない旨の回答を得たとの会員銀行への連絡……平11.3.30付 全銀協通達「貸倒償却および個別貸倒引当金繰入れの税務上の取扱いについて」平11調々第53号参照）。

したがって、このCaseの場合、保証人も担保提供者もいないとすれば、X1年6月期においてX社に対する金銭債権を放棄することにより、貸倒処理ができる（損金経理を要しない）。

また、債権放棄をしない場合でも、その全額が回収不能であるとして、法人税基本通達9-6-2を適用し、X1年6月期において損金経理を行うことにより、貸倒処理をすることができる。

なお、F社が貸倒引当金制度の適用対象法人に該当するのであれば、X1年6月期において、個別評価金銭債権に係る貸倒引当金（法法52①、法令96①二）を繰り入れることも認められる。

第2部　ケーススタディ

Case I-2-8　破産手続の同時廃止の場合

　Yは、消費者金融からの借入れによる多重債務者となり、自己破産の申立てを行っていたが、X1年3月にYについて破産手続開始の決定及び同時廃止の決定が行われた。G社（3月決算）はY（個人）に対して金銭債権300万円を有しているが、X1年3月末までに免責許可の決定は行われていない。

　G社は、X1年3月決算期において、この300万円を損金経理により貸倒処理を行う予定であるが、認められるか。

Explanation

　破産手続の同時廃止（破産法216）は、破産者の財産である破産財団をもって破産手続の費用を支弁するに不足すると認められる場合に、破産手続の開始と同時に破産手続の廃止が決定されるものであり、それ以後破産手続は進行せず、破産管財人の選定や破産財団の換価等は行われないが、免責の許可は可能であり、かつ、免責許可の決定が確定するまでの間、債権者個々の権利行使も禁止されている（破産法249）。

　個人が破産者の場合、最後配当等により弁済されなかった破産債権については、免責許可の決定の確定によりその責任を免れることとなる（破産法253）から、破産した個人に対する金銭債権は、免責許可の決定の確定時に滅失するものとして貸倒損失の損金算入が認められる（法律上の債権が消滅したのであるから、法人税基本通達9－6－1と同様に損金経理は不要である）と考えられる（平成20.6採決）。

　しかしながら、自己破産した多重債務者は、その破産手続の費用の支弁すらできないため破産手続の開始と同時に破産手続の廃止の決定を受ける事例が多く、このような場合、免責許可の決定の確定を待つまでも

108

なく、破産手続開始の決定時に全額が回収できないとして損金経理による貸倒損失の計上（法基通9-6-2）が認められるものと考える。

したがって、このCaseの場合は、Yの破産手続の同時廃止の決定が行われたX1年3月期に損金経理による貸倒損失の損金算入が認められる。

第2部　ケーススタディ

Case I-2-9　破産会社に対する物上保証人の求償権

　H社（年1回3月決算）は、関連会社Z社の甲銀行借入れについて、H社が所有する不動産（事務所用賃貸ビル及びその敷地）を物上担保に供しており、その担保不動産には甲銀行を抵当権者とする抵当権が設定されている。

　Z社は業績が急激に悪化し、事業継続が困難になり、支払不能に陥ったことから、X1年10月に破産手続開始の決定を受け、破産手続は進行中であるが、Z社の資産状況からみて破産債権への配当は見込めない状況にある。

　甲銀行は、Z社が破産手続開始の決定を受けたことから、Z社に対する貸付金を被担保債権としてH社の担保不動産の賃貸料債権について物上代位による差押えを行っている（被担保債権の全額を回収するには至っていない）。

　これにより、H社はX1年10月分以降の賃貸料収入については全く得られない状況にあるが、どのように処理すべきか。

Explanation

　抵当権は、その担保する債権について不履行があった場合は、その後に生じた抵当不動産の果実に及ぶものとされており（民法371）、抵当権者は、抵当不動産から生ずる賃料債権について権利行使（物上代位）することができる（民法304、372）。

　このCaseの場合、H社は、甲銀行の物上代位により賃貸料収入が全く入らないとしても、賃借人との間の賃貸契約に何らの変更もないのであるから、担保不動産の賃貸による収入を計上すべきである。

　一方、H社は差し押さえられた賃料債権の額相当額を、Z社に対する

求償債権として取得することとなるが、物上保証をした甲銀行の債権の全額を弁済するに至っておらず、物上保証人は、保証に係る債権の全額を弁済しない限り破産手続に参加できないこととされている（破産法104④⑤）。したがって、このままの状態で推移すれば、H社の破産手続終結とともに、求償債権が滅失することとなるし、また、仮に甲銀行の債権の全額を弁済して破産手続に参加できたとしても、Z社の資産状態からみれば、破産債権の配当は到底期待できないから、求償債権を取得した時点で既にその全額が回収不能と見込まれる。

したがって、賃料収入を計上し求償債権を資産計上するとともに、損金経理によりその求償債権を貸倒処理（法基通9-6-2）することが相当である。

なお、同様の事情にあるケースで、賃料の収入計上を行っていなかった事例について、賃料の収益計上と求償債権の貸倒れの処理を省略したものであり、このような場合にまで厳格に損金経理の要件を課すことは不適当であるとされた例がある（平成19.11.20裁決）。

Case I-2-10　代表者名で債務保証した下請業者の債務を法人が弁済した場合

　I社の代表者がI社の取引先である下請業者の債務の保証人となっていたところ、その下請業者が債務の弁済不能に陥った。

　そこでI社は、その債務保証は本来I社において行うべきものを代表者が代わって保証したものとして、その保証債務を肩代わりして支払い、下請業者に対する求償権の行使は不可能であるとして損失処理したが、認められるか。

Explanation

　たとえ法人がその下請業者と取引があったとしても、その取引関係にあることと債務保証をすることには直接的な関係はないといえる。

　したがって、下請業者の債務は、保証人となった代表者個人がその保証契約に基づいて弁済すべきものであって、肩代わり弁済を行った法人において直ちに損金の額に算入することとはならず、代表者に対する経済的利益の供与として役員給与（定期同額給与に該当せず損金不算入）となるか、代表者個人から回収するというのであれば代表者に対する貸付金となろう。

　ただし、法人が保証すべきであるものを取引上の関係等特別な事情により代表者個人が債務保証せざるを得なかったような事情がある場合には、法人が負担することについて合理的な理由があり、かつ、その弁済により取得する下請業者に対する求償権が貸倒れの状態にあるときは、法人の損金の額に算入することが認められるものと考える。

（国税庁HP質疑応答事例に加筆）

3 売掛債権の特例

Case I-3-1　売掛債権の特例の対象範囲

A社は売上先であるX社に対する貸付金500万円を有しているが、3年前から取引がなくなり、貸付金についての弁済もない状態にある。法人税基本通達9-6-3《一定期間取引停止後弁済がない場合等の貸倒れ》の適用により、貸倒れとして処理することができるか。

Explanation

法人税基本通達9-6-3は、売掛債権が他の金銭債権のように履行が遅滞したからといって直ちに債権確保のための手続を採ることが困難であると考えられることから、一定の事実が生じた場合に、法人がその売掛債権について備忘価額を控除した残額を貸倒れとして損金経理したときにこれを認めるとする取扱いである。

同通達の文言上も、その取扱いの対象を、「売掛債権(売掛金、未収請負金その他これらに準ずる債権をいい、貸付金その他これに準ずる債権を含まない。)」としていることから、このCaseのように売掛債権に該当しない貸付金については、この取扱いの適用はない。

Case I-3-2 代理店契約の破棄を理由とした支払拒絶を受けている売掛債権

B社は、従来、Y社を代理店として商品の販売をしていたが、諸般の事情から、Y社との代理店契約を破棄し、新たに甲社と代理店契約を締結して取引を始めた。

このため、B社とY社との間に紛争が生じ、Y社は、代理店契約の一方的な破棄であるとして、B社に対する商品代金の支払を拒絶している。

この場合、B社は、法人税基本通達9-6-3《一定期間取引停止後弁済がない場合等の貸倒れ》に定める取扱いにより、貸倒処理をすることができるか。

Explanation

法人税基本通達9-6-3に定める取扱いは、債務者との取引を停止した時等から1年以上経過する等、一定の事実が生じた場合、その債務者に対する売掛債権の額から備忘価額を控除した残額を貸倒損失として損金経理をしたときには、これを認めることとしているものである。

これは、売掛債権に係る回収不能の判断について一種の外形的な基準を適用して簡素化を図ったものであり、このCaseのように、当事者間に営業活動中の紛争が生じ、そのため事実上回収不能となっている売掛債権についてまで損金算入を認めるものではない。

したがって、たとえ支払拒絶から1年以上を経過したとしても、法人税基本通達9-6-3の定めにより貸倒処理をすることはできないものと考えられる。

Case I-3-3 継続的な取引の判定

　C社は機械部品製造業を営んでいるが、3年前にスポット取引で2回ほど取引があったZ社が業績不振となり支払能力が悪化したことから取引を停止した。

　最後の支払を受けてから1年以上経過しているので、売掛金残高を貸倒れとして処理したいが認められるか。

Explanation

　法人税基本通達9-6-3に定める取扱いは、債務者との取引を停止した時等から1年以上経過する等、一定の事実が生じた場合、その債務者に対する売掛債権の額から備忘価額を控除した残額を貸倒損失として損金経理をしたときには、これを認めることとしているが、「取引の停止」とは、継続的な取引を行っていた債務者について、その資産状況、支払能力等が悪化したためその後の取引を停止するに至った場合をいい、例えば不動産取引のようにたまたま取引を行った債務者に対して有するその取引に係る売掛債権については、この取扱いの適用はない（法基通9-6-3（注））。

　ここでいう「継続的な取引」とは、売掛債権が反復的、集団的に発生する取引であると考えられるから、このCaseのように単発的な取引はそもそも取引停止という概念になじまず、この通達の取扱いの適用はないと考えられる。

Case I-3-4 期限の定めのない場合の最後の弁済期

　D社はX社と長年取引を継続していたが、X社が業績不振となり支払能力が悪化したことから、昨年11月末日の納品を最後に、その取引を停止した。その後、売掛金残高に対する再三の請求にかかわらず、支払がない状況にある。

　現在でも、売掛金残高は、昨年11月末日現在のままであるが、このような場合、X社との取引停止日はどの時点とすべきか。

Explanation

　法人税基本通達9-6-3《一定期間取引停止後弁済がない場合等の貸倒れ》(1)は、債務者との取引停止をしてから1年以上経過した売掛金について、備忘価額を残して損金経理により貸倒れとして損金の額に算入することができる取扱いを明らかにしているが、取引停止の日よりも最後の弁済期又は最後の弁済の時の方が後であるような場合には、最後の弁済期又は最後の弁済の時のうちの最も遅い時から1年以上の経過を要件としている。

　このCaseの場合、弁済期の定めがあるのかどうか、必ずしも明らかではないが、仮に、弁済期の定めがないとすれば、即時払が原則であるので、最後の納品日である昨年11月末日を起算日として1年以上経過したかどうかを判定することとなる。

　また、仮に、11月末日納品分の弁済期が翌12月末日であるとすれば、昨年12月末日が起算日となる。

I 貸倒損失の判断基準

Case I-3-5 取引停止から1年を経過していない中間決算で損金経理をした場合

　E社は年1回3月決算の法人であるが、売上先であるY社が事実上営業停止状態となり、売掛金の返済が滞っている。

　最終入金はX1年2月末日であったが、X2年9月の中間決算において、Y社に対する売掛金残高を全額貸倒損失として損金経理した。

　この場合、X3年3月期の決算処理として備忘価額1円を戻し入れたときは、期末時点では最後の弁済から1年以上経過しているので損金算入が認められるか。

Explanation

　法人税基本通達9-6-3《一定期間取引停止後弁済がない場合等の貸倒れ》(1)の取扱いは、債務者との取引停止をした時（最後の弁済期又は最後の弁済の時がその取引停止をした時以後である場合には、これらのうち最も遅い時）から1年以上経過した売掛金について、備忘価額を残して損金経理により貸倒れとして損金の額に算入することができる取扱いを明らかにしているが、このCaseの場合、損金経理をしたX2年9月の時点では、まだ最後の弁済の時以後、1年を経過していないこととなるから、この時点で備忘価額を残して損金経理による貸倒処理をしたとしても、この通達の取扱いの適用はないように思える。

　しかしながら、法人税の課税標準である各事業年度の所得の金額は、事業年度を基準として計算することとなっており、X3年3月期の期末時点では、Y社の最後の弁済から1年以上経過しているから、この時点で備忘価額を残して貸倒れとして損金経理すれば損金算入が認められることとなる。

　したがって、X2年9月末の全額貸倒れとした損金経理を取り消し、最

117

後の弁済から１年以上経過したX3年３月で、再度、備忘価額を控除した残額を貸倒れとして損金経理すればよいこととなる。

Case I-3-6　手形の書換えに応じた場合

　F社は売上先であるZ社から売上代金について手形を受領したが、その手形を期日に返済できないとのZ社からの要請に応じて次々と書換えに応じている。

　この場合、売掛債権が取引停止後1年を経過していれば、法人税基本通達9-6-3《一定期間取引停止後弁済がない場合等の貸倒れ》(1)の取扱いにより、貸倒れとすることができるか。

Explanation

　法人税基本通達9-6-3《一定期間取引停止後弁済がない場合等の貸倒れ》(1)の取扱いは、債務者との取引停止をしてから1年以上経過した売掛金について、備忘価額を残して損金経理により貸倒れとして損金の額に算入することができる取扱いを明らかにしているが、取引停止の日よりも最後の弁済期又は最後の弁済の時の方が後であるような場合には、最後の弁済期又は最後の弁済の時のうちの最も遅い時から1年以上の経過を要件としている。

　このCaseのように、手形の書換えに応じたということは、支払の督促をしたと同様であると同時に、まだ依然として最後の弁済期が到来していないこととなる。

　したがって、この場合は法人税基本通達9-6-3(1)に定める取扱いにより貸倒れとすることは認められないこととなる。

Case I-3-7 担保物がある場合

　G社は、取引先であるX社に対して売掛債権を有しているが、X社は経営不振に陥りその弁済が滞ったため、1年半前に、取引停止するとともに、売掛金残高約1,200万円について、X社が所有する土地を担保に取った。

　その後弁済は行われていないが、その担保とした土地については優先抵当権の設定がされていることにより、この土地を処分したとしても売掛金の10%程度の金額しか回収できないと見込まれる。

　取引停止後1年以上経過しているところから、売掛債権金額1,200万円と担保物の処分による回収見込額約120万円との差額1,080万円を損金経理より貸倒処理することが認められるか。

Explanation

　法人税基本通達9-6-3《一定期間取引停止後弁済がない場合等の貸倒れ》(1)の取扱いは、債務者との取引停止（最後の弁済期又は最後の弁済の時が取引停止後である場合は、これらのうち最も遅い時）以後1年以上経過した売掛金について、備忘価額を残して損金経理により貸倒れとして損金の額に算入することができる取扱いを明らかにしている。

　この取扱いには、①継続的な取引に基づいて発生した売掛債権であること、②取引停止等後1年以上経過していること及び③備忘価額を残した金額を損金経理することだけが適用条件とされており、その売掛債権につき弁済が見込まれる場合や担保物がある場合にはこの取扱いの適用はないとの定めはない。

　また、弁済見込額を貸倒れとする金額から控除する旨の定めもなく、法人税基本通達9-6-2《回収不能の金銭債権の貸倒れ》のように、担

保物があるときにはその担保物を処分した後でなければ貸倒れとして損金算入できない旨の定めもない。

　しかしながら、売掛債権に係る貸倒損失の特例を定める取扱いは、商品の販売、役務の提供等の営業活動によって発生した売掛金、未収請負金等については、他の一般の貸付金等の金銭債権のように履行遅滞があったからといって直ちに債権確保の手続を採ることが困難である等の事情を考慮し、一種の形式基準による貸倒処理を認める取扱いであることを考慮すべきである。

　このCaseの場合、売掛金の回収の手段としてX社所有の土地を担保に取った時点で、既に通常の売掛金から貸付金に振り替えたとしてもおかしくはない状況にあるとも考えられるから、直ちにこの特例の対象とすることには疑問があるといわざるを得ない。また、「『備忘価額』を120万円とした」とすることにも無理があるように思われる（Case I-3-8参照）。

　したがって、担保物を実際に処分した後でなければ、この売掛金を貸倒処理することはできないものと考える。

　ただし、例えば、得意先から売掛金の弁済の担保として保証金を預かっているような場合には、滞った売掛金と保証金は相殺適状にあるから、相殺後の売掛金についてこの特例の適用があるものと考えられる。

Case I-3-8　備忘価額の意義

　H社は、得意先Y社に対して継続的な取引により生じた売掛債権1,500万円を有しているが、Y社は過剰な設備投資と得意先の倒産による経営不振に陥り、急激に資産状況等が悪化し、売掛金の回収ができない状態にある。

　H社は、1年以上前にY社との取引を停止しているため、その売掛債権につき貸倒処理をしようとしているが、H社としても、多額の貸倒損失を計上することは決算対策上好ましくないことから、500万円を備忘価額とし、今期においては1,000万円を貸倒損失として計上することとしたいが認められるか。

Explanation

　売掛債権に係る貸倒損失の特例を定める取扱い（法基通9-6-3）は、商品の販売、役務の提供等の営業活動によって発生した売掛金、未収請負金等については、他の一般の貸付金等の金銭債権のように履行遅滞があったからといって直ちに債権確保の手続を採ることが困難である等の事情を考慮し、一種の形式基準による貸倒処理を認める取扱いである。

　この貸倒処理は、法律上も有効に存在する債権について、形式的に回収不能とみて貸倒処理を認めているものであるから、債務免除等が行われるまでの間は簿外とならないよう備忘価額を付すことを求めている。

　備忘価額を残すということは、補助簿を残し、取引先ごとの明細とその後の回収状況等の経理を行うということであり、1円以上の記帳は当然のこととなるが、自ずとその金額も定まってくるものであり、利益操作のために金額を決めるようなものではない。

　したがって、このCaseの場合は備忘価額を残した損金経理とは認められない。

Case I-3-9 備忘価額の処理

I社は、以前スイミングスクールを経営していたが、未収の会費について数年前に法人税基本通達9-6-3《一定期間取引停止後弁済がない場合等の貸倒れ》を適用し備忘価額1円を残し、差額を貸倒損失として処理した。15件貸倒処理し備忘価額残高は15円となっている。

この度、スイミングスクールを廃業し、不動産賃貸業のみを行うこととなったが、この備忘価額残高15円については、会社が存続する以上残しておかなければならないか。

Explanation

法人税基本通達9-6-3《一定期間取引停止後弁済がない場合等の貸倒れ》により貸倒損失処理を認めている趣旨は、売掛債権については、貸付金等の金銭消費貸借契約に基づく金銭債権のように、履行が遅滞したからといって直ちに債権確保のための手続を採ることが事実上困難である等の事情から、取引停止後1年以上経過した場合又はその売掛債権の額が取立費用に満たない等の事情がある場合には、法人が備忘価額を付し、その残額を貸倒れとして損金経理したときには、税務上もその処理を認めるというものである。

これにより貸倒処理した売掛債権は法的には金銭債権として存在しており、これを示すために備忘価額を付しているのであるから、理論的には、その売掛債権が消滅するまではその備忘価額を残しておく必要がある。

したがって、法人がその売掛債権につき債権放棄をするなどして法的に消滅させた場合には、その備忘価額を損金として完全に消滅させることが認められる（法基通9-6-1(4)による貸倒れ）と考える。しかしなが

ら、例えば、相手方が行方不明等の場合で債権放棄の意思が相手方に到達しないときには、債務免除の効力が生じないこととなる。そのような場合には、改めて事実上の貸倒処理（法基通9－6－2）を行えば、帳簿上の備忘価額を消滅させることができると考える（この場合には売掛債権は法的には消滅していない）。

　いずれにしても、このCaseの場合は備忘価額が15円と少額であり、課税所得の計算上の影響はほとんどないので、その処理について実務上問題となることはないと思われる。

4 貸倒損失計上の時期・その他

Case I-4-1 破産手続終結による貸倒損失の時期

　A社は売上先であるX社が破産手続に入り、最終配当がされた後も、X社に簿外の資産があると考え、裁判所が終結決定を出した後も回収を図ろうとし、貸倒損失を計上せず、個別評価金銭債権に係る貸倒引当金も計上せずにいた。

　最終的に回収不能と判断し、終結決定から10年も経過したことから、当期において売掛債権について貸倒損失を計上した。

Explanation

　A社は、破産法人の破産に疑念を持ち、最終配当がされた後も売掛債権の回収を図ろうとし、最終的に当期において回収不能と判断したことから、当期の貸倒損失であると考えているようである。

　しかしながら、破産法人に係る破産手続が全て適法に行われたことを前提とすれば、法律上、破産手続の終結決定があった日に法人格が消滅したものと認められることから、A社が有する破産法人に対する貸付債権は、その終結決定の日に法律的に消滅したものと考えざるを得ない。そうすると、この売掛債権は、その終結決定の日を含む事業年度における貸倒損失であり、当期の貸倒損失とすることはできない（平20. 6. 26裁決）。

Case I-4-2　非更生債権となった金銭債権の取扱い

　B社の得意先であったY社は、X1年3月30日に更生手続開始の申立てを行い、同年7月25日に更生手続の開始が決定された。

　B社の不手際により、更生債権届出書の提出をしないまま、その開始決定通知書に記載された更生債権の届出期限（X1年11月10日）を徒過してしまった。

　X2年4月20日にY社の更生計画認可の決定があったが、B社のY社に対する売掛債権について、上記届出期限を徒過したX2年3月期の貸倒損失とすることとなるか。

Explanation

　会社更生法又は金融機関等の更生手続の特例等に関する法律（更生特例法）の適用を受ける法人（更生会社等）に対して有する債権については、更生手続の開始決定があった日後裁判所の指定する期限までに届け出なければ、更生債権として更生手続に参加することができない。

　この場合、この指定期限までに届出をしなかった債権については、指定期間の経過によって消滅することとなるのか、更生計画認可の決定があった時に消滅するのかという問題があるが、この点については、更生計画の定め又は会社更生法若しくは更生特例法の規定により認められた権利を除き、全ての債権は更生計画認可の決定があった時において消滅することとされている（会社更生法204、更生特例法125）。

　したがって、その貸倒れの時期についても更生計画認可の決定があった日に行うべきものとされている（法基通14-3-7）。

　このCaseの場合、X2年3月期ではなく、X3年3月期の貸倒れとして処理することとなる。

Case I-4-3 特別清算法人に対する貸倒損失の時期

　C社（6月決算）は、債務者であるZ社について、特別清算終結の決定確定が行われたため、該当債権について貸倒損失を計上することとした。

　X1年6月6日に弁済完了と清算事務完了が行われ、同時に残債権が支払免除されるとともに、同日に裁判所において特別清算手続を終結する決定がなされ、謄本の交付を受けた。その後C社は法務局での手続を行い、同年7月2日に「○○地方裁判所の特別清算終結の決定確定」が登記された（登記日7月4日）。

　貸倒損失の発生はX1年6月6日として、損金算入時期は、X1年6月期でよいか。

Explanation

　特別清算に係る協定の認可の決定があった場合には、その決定により切り捨てられることとなった部分の金額は、その決定があった日の属する事業年度において貸倒れとして損金の額に算入することとなる（法基通9-6-1(2)）。

　このCaseでは、裁判所の協定の認可の決定があった日が明らかではないが、X1年6月6日に特別清算終結の決定が行われたということは、少なくとも同日以前に協定の認可決定があったものと考えられるので、その日がX1年6月期に含まれるのであれば、その期の貸倒れとして損金算入することとなる（損金経理要件がないので、決算で貸倒損失を計上していない場合は、申告調整で減算することとなる。）。

　いずれにせよ、債権者集会における協定決議の議事録及び裁判所の協定認可決定書は取り寄せて保管しておく必要があると考える。

　なお、特別清算手続において、債権者が個別的な和解により債権放棄

に応じた場合には、法人税基本通達9-6-1(4)を根拠として貸倒処理するか、場合によっては、法人税基本通達9-4-1に照らして子会社等を整理する場合の損失として処理することとなる。

Case I-4-4 前期に損金経理して自己否認した場合の当期の処理

D社は、債務者であるX社に対する金銭債権について、前期においてその全額を損金経理により貸倒処理したが、まだ全額の回収不能が明らかにはなっていないと判断したところから、自己否認（法人税申告書別表四で加算・留保）して申告していた。

当期になって全額が回収できないことが明らかになったので、法人税基本通達 9-6-2《回収不能の金銭債権の貸倒れ》により損金算入することとしたいが、どのように経理処理及び申告調整をすればよいか。

Explanation

法人税基本通達 9-6-2《回収不能の金銭債権の貸倒れ》においては、「全額が回収できないことが明らかになった場合には、その明らかになった事業年度において貸倒れとして損金経理をすることができる」としており、実質的な貸倒損失の計上時期について、回収不能が明確になった限りにおいては、直ちに貸倒処理を行うというのが会社法ないし企業会計上の考え方であり、いやしくもこれを利益操作に利用するようなことは公正妥当な会計処理とは認められない旨を明らかにしている。

このCaseの場合は、全額回収不能が明らかになった事業年度が当期であるということであるから、その事実関係等についての資料等を保存しておくことは当然必要であるが、前期に損金経理し、自己否認しているということであるから、「明らかになった事業年度における損金経理」という要件を満たすためには、当期において次のような経理処理を行うことが必要と考える。

(借方) 債　　権　×××　(貸方) 貸倒損失　×××　(前期否認の受入れ)
　　　 貸倒損失　×××　　　　　債　　権　×××　(当期損金経理)

その上で、当期の申告においては、前期自己否認した貸倒損失の当期受入れ分を認容（法人税申告書別表四で減算・留保）することとなる。

Ⅰ 貸倒損失の判断基準

Case Ⅰ-4-5 個別貸倒引当金を計上していた金銭債権に貸倒れが発生した場合

　E社は、上場準備会社として会計監査法人の監査を受けているが、海外取引先Y社に対する売掛債権につき回収見込みが立たなくなったことから、前期に個別評価金銭債権に係る個別貸倒引当金を繰り入れて損金の額に算入した。

　今期になって、現地提携先の監査法人から「取引先Y社に対する債権は資金不足のため回収の見込みがない」との報告を受け、E社としては、今後は積極的な回収をしないこととした。

　監査法人からは、個別貸倒引当金を取り崩すように言われているが、法人税基本通達9-6-2《回収不能の金銭債権の貸倒れ》により損金算入するためには、損金経理が要件とされており、監査法人の言う処理をすると、損金経理ができないこととなってしまう。

　相手が海外の企業であるため、内容証明による債権放棄通知といった手段による貸倒処理（法基通9-6-1⑷）も困難である。

Explanation

　債権が法的に消滅した場合の貸倒損失（法基通9-6-1）には損金経理の要件はないが、債権の経済的実質により税務上貸倒処理をする場合には法人の意思表示として損金経理が要件とされている（法基通9-6-2、9-6-3）。

　会計上は貸倒引当金を取り崩し、差額を貸倒損失として処理することとされている。

　（借方）　貸倒引当金　×××　（貸方）　債　　権　×××
　　　　　　貸 倒 損 失　×××　…………………………（損金経理）

　この場合、会計処理では差額のみが損金経理されることとなり、この

131

Caseのように全額貸倒引当金に繰り入れているときは損金経理がないこととなる。

　この会計処理でも、貸倒引当金を取り崩し、債権の全額を貸方に処理しているのであれば損金経理したものとして取り扱われるものと考えるが、税務上、貸倒引当金が毎期洗替えとなっている（法法52⑩）ことからすれば、損益計算書には表示されないとしても、次のような経理処理をしておくことが望ましいと考える。

(借方) 貸倒引当金 ×××　(貸方) 貸倒引当金取崩益 ×××　(期首洗替処理)
　　　貸 倒 損 失 ×××　　　　債　　　権 ×××　(損金経理)

　なお、貸倒損失が認められるかどうかは、その債権の全額が実質的に回収不能であるかどうかによるから、債務者Y社の資産状況が「資金不足のため」というだけでは、「債務者の資産状況、支払能力等からみてその全額が回収できないことが明らかになった」（法基通9−6−2）かどうかは必ずしも明確とはいえないので、更に検討が必要である。回収可能性が残されている時点で債権放棄の通知をした場合には寄附金となるのであり、内容証明による通知をしたかどうかにより貸倒れとなるかどうかが決まるわけではない。

Case I-4-6 非適格分割により移転を受けた売掛金に貸倒れが発生した場合

　F社は、約1年前に会社分割（非適格分割）により事業を承継したものであり、分割法人の株主と分割承継法人との株主は全く異なっているものであるが、分割により移転を受けたZ社に対する売掛金について貸倒れが発生した。

　分割時において、移転する資産、負債については個別に実査、リスト確認等を行い適正に評価した上で時価移転しているが、事業承継後1年程度であることから、この貸倒損失については営業権の修正とすべきか。

Explanation

　非適格分割に当たって、移転資産及び移転負債の価額の算定が個別に適正な時価評価をしていることを前提とすれば、その分割時においては、その売掛金についても貸倒損失の発生等の危険性を加味して評価しているものと考えられ、また、分割法人の株主と分割承継法人の株主が全く異なっているとすれば、その分割は利害関係の対立する第三者間で行われたものであり、その資産及び負債の評価や分割対価の額は適正な時価であると考えられる。

　したがって、分割後1年程度で貸倒れが発生したとしても、それは分割後に生じた事由によるものであり、その売掛金の受入価額が適正時価によるものである限り、既に行った分割に係る資産及び負債の評価や分割対価の額を是正する等の処理は不要であると考えられる。

　なお、分割が行われた後において、移転資産について貸倒れが発生した場合における貸倒損失の損金算入に関する制限としては、①法人税法第60条の3《特定株主等によって支配された欠損等法人の資産の譲渡等損失額の損金不算入》の規定及び②同法第62条の7《特定資産に係る譲

渡等損失額の損金不算入》の規定があるが、これらはいずれも適格分割により移転を受けた資産について貸倒損失等が生じた場合の規定であり、非適格分割であるこのCaseの場合には、これらの規定の適用はない。

　また、法人税法第62条の8《非適格合併等により移転を受ける資産等に係る調整勘定の損金算入等》の規定において、非適格分割により発生した資産調整勘定又は負債調整勘定がある場合には、その後の事業年度においてこれらを取り崩して損金算入又は益金算入することとされているが、移転を受けた資産について貸倒れが発生した場合に特別の処理を要する旨の規定はない。

Case I-4-7 元従業員の横領行為による損害賠償請求権の貸倒損失

　G社では、税務調査により従業員のX1～X3年期での売上金横領が発覚した。その従業員については、即時に懲戒解雇とした。
　売上計上もれと、元従業員に対する損害賠償請求権が発生することとなるが、損害賠償請求権の発生はその横領が発覚した進行事業年度（X4年期）であり、X1～X3年期においては、売上計上もれと横領損失が両建てとなり、また、X4年期においては、元従業員に十分な資力がないことは明白であることから、債務免除をした上で貸倒処理をすることにより、結局いずれの事業年度においても課税所得は発生しないと考えるがどうか。
　また、仮に、損害賠償請求権の発生がX1～X3年の各事業年度であったとしても、同時に貸倒損失が発生して課税所得が生じないこととなると考えるがどうか。

Explanation

　従業員の横領に伴う損害賠償請求権の発生については、同時両建説と異時両建説とがあり意見の分かれるところではある。このCaseの「損害賠償請求権の発生はその横領が発覚した事業年度である」とする考え方は異時両建説によるものであるが、現在のところ判例、裁決例、課税実務において採られている考え方は同時両建説であるといえる。
　これによれば、このCaseの場合、元従業員が売掛金を横領したX1～X3年の各事業年度においては、売上計上もれ（益金）、横領損失（損金）と同時に損害賠償請求権の発生（益金）が生じ、課税所得が発生することとなる。
　一方、損害賠償請求権の貸倒損失の発生時期は、元従業員の弁済能力

を判定する進行事業年度（X4年期）となり、少なくともX1〜X3年の各事業年度において元従業員の弁済能力がなかったとはいえない（横領した金銭をすぐ弁済することは可能であったこととなる）から、X1〜X3年の各事業年度において貸倒損失を計上することは認められない（平20．6．19裁決 参照）。

ます
Case I-4-8 葬祭業における貸倒損失の計上時期

　H社は葬祭業を行っており、売上先は故人の親族である個人である。

　葬儀費用の売掛債権について、請求書を渡しても支払ってもらえない場合、電話や文書による督促など回収努力をしている。それでも支払ってもらえない場合、簡易裁判所による少額訴訟の手続を採るが、相手が出頭しないため判決確定証明書が発行されることにより訴訟手続が終了することがほとんどである。

　この手続終了後も支払ってもらえない場合、未収相手の資産状況や支払能力などが不明のときは、どの時点で貸倒損失として計上することができるか。

Explanation

　法人税法上、貸倒損失は、各事業年度の所得の金額の計算上、「損失の額」として損金の額に算入されることとなる（法法22③三）。

　そして、貸倒損失の計上は、その金銭債権について回収不能の「事実」が生じたかどうかという、優れて事実認定の問題である。しかしながら、現実問題としては、その判断には相当に困難な面を伴うことから、その統一的な処理を行うため、従来から法人税基本通達において、おおむね次のような貸倒れの判定に関する一般的な基準が定められている（法基通9-6-1～9-6-3）。

① 更生計画若しくは再生計画認可の決定等又は関係者の協議決定などにより、法人の有する金銭債権の全部又は一部について切捨て又は放棄をした場合には、その切捨て又は放棄をした金額は損金の額に算入される（この場合には、金銭債権が法律的に消滅しているので、法人がこ

れを貸倒損失として損金経理しているか否かは問わない。)。
② 金銭債権が法律的には消滅していないが、その債務者の資産状況、支払能力等からみて、その全額が回収できないことが明らかになった場合に、法人がこれを貸倒損失として損金経理したときは、これが認められる。
③ 売掛債権について一定の事実が発生し、法人がその売掛債権の額から備忘価額を控除した残額を貸倒損失として損金経理したときは、これが認められる。

このCaseでは「未収相手の資産状況や支払能力が不明な場合」とあり、どのような場合であるのか具体的に明らかではないので、「事実認定」そのものができない。

結局、「未収相手」の資産状況・支払能力を不明にしたままで貸倒損失を計上することは困難であるといわざるを得ない。

例えば、上記②の事実上の貸倒れの場合(法基通9-6-2)に損金経理により貸倒損失を計上することができるが、個別の債務者の状況を把握した上でなければ、この取扱いを適用することは難しいものと思われる。また、上記③の売掛債権についての特例(法基通9-6-3)の取扱いは、「継続的な取引を行っていた債務者に対する売掛債権」や「同一地域の債務者に対する売掛債権」に係る取扱いであるので、これを事例に当てはめることも難しいものと思われる。

結局は、「未収相手の資産状況や支払能力」を把握した上で、回収不能と判断できるのであれば、上記①の債権放棄による貸倒損失(法基通9-6-1(4))を計上するか、上記②による損金経理をした上での貸倒損失の計上を行うこととなるものと考える。

Ⅱ 貸倒引当金

1 貸倒引当金制度の対象法人

Case Ⅱ-1-1　対象法人となる中小法人の範囲（大法人の100％子会社の場合）

　A社は製造業を営む資本金1億円の株式会社であるが、資本準備金が8,000万円あり、資本金等の額が1億8,000万円となっている。また、その100％親会社であるP社の資本金は5億円となっているが、A社が売掛債権等の金銭債権について貸倒引当金を繰り入れた場合、損金算入が認められるか。

Explanation

　平成23年12月の税制改正により、それまで全ての法人について認められていた貸倒引当金制度が、所要の経過措置を講じられた上で、①中小法人、②銀行・保険会社等及び③一定の金銭債権を有する法人に限定して認められることとされ、法人の平成24年4月1日以後に開始する事業年度から適用されている（法法52①、法令96、平23.12改正法附則10）。

　A社の場合、上記②又は③には該当しないので、貸倒引当金の損金算入が認められるためには、上記①の中小法人に該当する必要がある。

　株式会社であるA社が中小法人に該当するためには、まず、各事業年度終了の時において、「普通法人（投資法人及び特定目的会社を除く。以下同じ。）のうち、資本金の額若しくは出資金の額が1億円以下であるもの又は資本若しくは出資を有しないもの」に該当することが必要となるが、ここで資本又は出資を有するものについて、1億円以下である必要があるのは「資本金の額又は出資金の額」であって、「資本金等の額」（法法

2十六）ではないから、A社は資本金の額が1億円以下の普通法人に該当する。

次に、資本金の額又は出資金の額が1億円以下の普通法人であっても、次の法人は適用対象法人から除かれている（法法52①一、66⑥二・三、法令14の10⑥）から、A社はこれらのいずれにも該当しない必要がある。

(1) 次の法人（大法人）との間に、その大法人による完全支配関係がある普通法人
　　イ　資本金の額又は出資金の額が5億円以上である法人
　　ロ　相互会社及び外国相互会社
　　ハ　法人課税信託における受託法人
(2) 普通法人との間に完全支配関係のある全ての大法人が有する株式及び出資の全部をその全ての大法人のうちいずれか一の法人が有するものとみなした場合においてそのいずれか一の法人による完全支配関係があることとなるときのその普通法人（＝複数の完全支配関係にある大法人により発行済株式等の全部を保有されている普通法人）
(3) 法人課税信託における受託法人

このCaseの場合、A社の100％親会社の資本金が5億円以上であるので、上記(1)に該当し、貸倒引当金制度の適用対象法人とはならない。

Ⅱ 貸倒引当金

Case Ⅱ-1-2 対象法人となる中小法人の範囲（投資事業有限責任組合が株主である場合）

　B社は卸売業を営む資本金5,000万円の株式会社であるが、その発行済株式の100％を出資金1億2,000万円である投資事業有限責任組合が保有している。この投資事業有限責任組合は、S_1社（資本金5億円）、S_2社（資本金8億円）、S_3社（資本金10億円）がそれぞれ4,000万円ずつ出資したもので、これらの出資法人はいずれもP社（資本金2億円）の100％子会社である。

　この場合、B社は貸倒引当金制度の対象法人となるか。

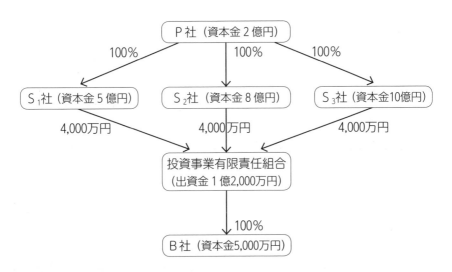

Explanation

　資本金の額が1億円以下である普通法人であっても、大法人による完全支配関係にあるものや複数の完全支配関係にある大法人により発行済株式等の全てを保有されているものは、貸倒引当金制度の対象法人には該当しない（法法52①一、66⑥二・三、Case Ⅱ-1-1参照）。

　このCaseの場合、投資事業有限責任組合の出資金の額が5億円以下で

141

あるものの、投資事業有限責任組合は、民法上の任意組合と同様に、その組合財産の帰属主体となることはなく、B社の株式を含むその組合の資産は、その出資者である組合員の共有に属するものと解される（法基通14-1-1（注））。

したがって、B社は、複数の完全支配関係にある大法人（S_1社、S_2社及びS_3社）により発行済株式等の全部を保有されている普通法人（CaseⅡ-1-1のExplanationの(2)）に該当することとなるから、貸倒引当金制度の適用対象法人とはならない。

(注1) 仮に、このCaseで、S_1社、S_2社又はS_3社のいずれか1社でも、資本金の額が5億円未満で大法人に該当しない出資者が存在するとすれば、B社は中小法人として貸倒引当金制度の適用対象法人となる。

(注2) 中小法人に該当する場合でも、平成31年4月1日以後に開始する事業年度において適用除外事業者（前3年間の課税所得の年平均額が15億円を超える法人（措法42の4⑧六の二））に該当するときは、一括評価金銭債権に係る貸倒引当金の繰入限度額の計算において法定繰入率を適用することができない（措法57の9①②）。

Case Ⅱ-1-3　対象法人となる中小法人の範囲（株式の持合いがある場合）

C社は製造業を営む資本金5,000万円の株式会社であるが、C社と同様にP社（資本金3億円）の子会社であるS社（資本金5億円）との間で、発行済株式の一部を相互に持ち合っている。

この場合、C社は貸倒引当金制度の対象法人となるか。

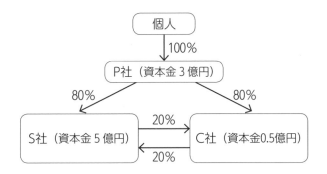

Explanation

資本金の額が1億円以下である普通法人であっても、大法人による完全支配関係にあるものや複数の完全支配関係にある大法人により発行済株式等の全てを保有されているものは、貸倒引当金制度の対象法人には該当しない（法法52①一、66⑥二・三、CaseⅡ-1-1参照）。

株式の持合いには様々なケースが考えることから一概には言えないが、原則として、大法人である親法人に完全支配されているかどうかにより判定することなるものと考えられる。このCaseの場合、C社はP社により完全支配されている（80％を直接保有、20％を間接保有）と認められ、P社は資本金が3億円であり、大法人には該当しないから、「大法人による完全支配関係」には該当しない。

したがって、貸倒引当金制度の適用対象法人となる。

(注) 中小法人に該当する場合は、貸倒引当金制度の対象法人となるが、この場合、平成31年4月1日以後に開始する事業年度において適用除外事業者（前3年間の課税所得の年平均額が15億円を超える法人（措法42の4⑧六の二））に該当するときは、一括評価金銭債権に係る貸倒引当金の繰入限度額の計算において法定繰入率を適用することはできない（措法57の9①②）。

Ⅱ 貸倒引当金

2 個別評価金銭債権に係る貸倒引当金

Case Ⅱ-2-1 長期棚上げの起算日

　A社（貸金業、3月決算）の貸付先であるX社は、X1年3月に民事再生法の規定による再生計画認可の決定を受けたが、再生計画認可の決定の確定は、即時抗告期間が満了するX1年4月となった。

　この場合、再生計画において長期棚上げとされる金額を個別評価金銭債権に係る貸倒引当金の繰入れにより損金算入したいが、X1年3月31日から5年を経過するまでに弁済されることとなっている金額以外の金額としてよいか。

Explanation

　債務者について再生計画認可の決定が行われ、これに基づいてその弁済を猶予され、又は賦払により弁済される場合には、その債務者に対して有する金銭債権の額のうち、その決定に基づいてその決定の行われた日の属する事業年度終了の日の翌日から5年を経過する日までに弁済されることとなっている金額以外の金額（担保権の実行その他により取立て等の見込みがあると認められる部分の金額を除く。）を限度として、個別評価金銭債権に係る貸倒引当金を繰り入れ、損金の額に算入することができる（法法52①、法令96①一ロ）。

　再生計画は、認可の決定の確定により効力を生じ（民再法176）、このCaseの場合は、即時抗告（民再法175）をすることのできる期間が満了したX1年4月に再生計画の効力が発生するから、認可の決定日と認可の決定の確定日とが期を跨いだ場合には、厳密にいえば、認可決定の確定日の属する事業年度を基準として、その再生計画の内容に応じた処理（切

145

捨額に係る貸倒損失の計上、長期棚上げ債権に係る個別評価による貸倒引当金の繰入れ等）を行うこととなる。

　しかしながら、このCaseのように、即時抗告期間の満了により支障なく認可の決定が確定しているのであれば、その認可の決定日に再生計画が事実上確定していたとみても差し支えないものと考えられる。

　したがって、このCaseの場合、X社に対する金銭債権の金額のうち、再生計画において切り捨てられる部分ある場合には、その切捨額についてX1年3月期の貸倒損失とする（法基通9-6-1(1)）ことが認められるものと考えられるし、再生計画認可の決定という「事由が生じた日の属する事業年度終了の日」（法令96①一）をX2年3月31日とする必要はなく、X1年3月31日として差し支えないものと考えられる。

Case Ⅱ-2-2　5年経過後弁済額の計算

　B社（資本金1,000万円の中小法人、3月決算）は、X3年3月末において得意先Y社に対し192万円の売掛金を有しているが、これは、X0年10月の更生計画認可決定により、売掛金600万円のうち360万円を免除し、残額240万円を10年間で弁済を受けることなったものである。

　第1回目は、X1年10月、第2回目はX2年10月と、計画どおりそれぞれ24万円の弁済を受け、残高が192万円となっているものである。

　B社はこの金銭債権について個別評価金銭債権に係る貸倒引当金勘定の繰入れを行い損金算入してきたが、個別貸倒引当金限度額の計算上、「5年を経過する日までに弁済されることとなっている金額」（法令96①一）は定額であって、繰入限度額は各事業年度末の金銭債権残額から控除することとなるのか。

Explanation

　法人の有する個別評価金銭債権がその債務者について生じた更生計画認可の決定等の事由に基づいてその弁済を猶予され、又は賦払により弁済される場合には、その個別金銭債権の額のうち、その事由が生じた事業年度終了の日の翌日から5年を経過する日までに弁済されることとなっている金額以外の金額（担保権の実行その他によりその取立て又は弁済の見込みがあると認められる部分の金額を除く。）に達するまでの金額を損金経理により貸倒引当金勘定に繰り入れることにより、損金の額に算入することができる（法法52①、法令96①一）。

　確かに、「5年を経過する日までに弁済されることとなっている金額」を定額であるとする読み方もできないではないが、次の点を考慮すれば、時の経過によって回収できないと見込まれる金額が減少していく結果と

なる解釈は相当ではない。

① 〈5年経過日後に弁済されることとなっている金銭債権は回収できない可能性が高い〉という趣旨から個別貸倒引当金繰入限度額が定められていること。
② 「5年」の起算日が「当該事由が生じた日の属する事業年度終了の日の翌日」と固定されている一方、「5年を経過する日までに弁済されることとなっている金額」を算定するのは各事業年度末時点であること。
③ 見込み以上に回収できた場合の「回収益」は、5年経過日以後に計上することとするのが相当であると考えられること。

また、条文では「当該金銭債権のうち」の後に「、」が付されていないから、「5年……弁済されることとなっている金額」はあくまで「当該金銭債権のうちの」として解し、法人税法施行令第96条第1項第1号の規定は次のように解することが相当である。

したがって、このCaseの場合、B社のY社に対する売掛金のX3年3月期における個別貸倒引当金繰入限度額は、期末の売掛金残高（192万円）のうち5年経過日までに弁済されることとなっている金額（72万円）以外の金額（120万円）となる。

仮に、計画どおりの弁済が実行されたとすれば、各期末の売掛金残高、

Ⅱ　貸倒引当金

個別貸倒引当金繰入限度額、同引当金の繰戻益・繰入損は参考図のようになる。

	X1/3期	X2/3期	X3/3期	……	X6/3期	X7/3期	……
下記以外の金額（繰入限度額）	120万円	120万円	120万円		120万円	96万円	
5年経過日までに弁済されることとなっている金額	120万円	96万円	72万円		—	—	
（売掛金）	240万円	216万円	192万円		120万円	96万円	
引当金戻入益	—	120万	120万		120万	120万	
引当金繰入損	120万	120万	120万		120万	96万	

Case Ⅱ-2-3　長期棚上げの再生債権について当初貸倒引当金の繰入れをしなかった場合

　C社（資本金1億円、3月決算）の取引先であるZ社は、X1年3月に民事再生法の規定による再生計画認可の決定を受けたが、再生計画では、売掛債権1,800万円のうち、1,300万円（72.2％）の切捨てと500万円（27.8％）の10年均等分割弁済となっている。

　C社はX1年3月期に1,300万円を貸倒損失として損金の額に算入したが（法基通9-6-1(1)）、残り500万円について個別評価金銭債権に係る貸倒引当金250万円の繰入れを行わなかった。

　この場合、X2年3月期において貸倒引当金の繰入れによる損金算入が認められるか。

Explanation

　貸倒引当金制度の適用法人は、債務者に係る再生計画認可の決定が行われた事業年度終了の日の翌日から5年を経過する日までに弁済を受ける部分の金額以外の金額について個別貸倒引当金の繰入れによる損金算入が認められており（法令96①一ロ）、貸倒引当金勘定は毎期洗替えとされている（法法52⑩）。

　債権の切捨てによる貸倒処理（法基通9-6-1）は、損金経理を要件としていないので、仮に損金算入しないで申告した場合であっても、更正の請求（通則法23）により減額更正を求めることができるが、貸倒引当金は、損金経理が要件となっている（法法52①）から、このCaseの場合にX1年3月期について減額更正を求めることはできない。

　しかしながら、X2年3月期においては、前期に貸倒引当金の繰入れをしていなかったからといって、改めてその繰入れができないということではない。貸倒引当金の毎期洗替処理は、前期において繰り入れた貸倒

引当金勘定を当期においてはいったん益金算入した上で、改めて、当期末において貸倒引当金の繰入限度額を検証するという意味合いを有するものと考えられる。

　「債務者に係る再生計画認可の決定が行われた事業年度終了の日」は固定日であり、その「翌日から5年を経過する日までに弁済を受ける部分の金額以外の金額」は固定金額であるから、このCaseの場合、X2年3月期において250万円を個別貸倒引当金繰入限度額として貸倒引当金を損金経理により繰り入れることができる。

第2部　ケーススタディ

Case II-2-4　再生計画において再生手続終結時に切り捨てられる債権

　D社（資本金8,000万円、3月決算）の取引先であるX社は、X1年7月に民事再生法の規定による再生計画認可の決定を受けた。再生計画においては、以下のように定められた。

① 再生債権のうち100万円以下のものについては、その全額を弁済する。

② 再生債権のうち100万円を超えるものについては、その25％相当額又は100万円のいずれか多い金額を弁済する。

③ 再生手続の終結直前のX4年6月末において弁済原資が存在する場合には、追加弁済をする。

④ 上記③の場合において、追加弁済の原資がないと確認された時の残債又は追加弁済後の残債については、その確認又は追加弁済時点において切り捨てられる。

　D社は、X社に対する売掛債権2,000万円を有しており、上記②により500万円の弁済を受けたが、上記③の追加弁済の可能性は不明であるので、残額1,500万円については、個別評価金銭債権に係る貸倒引当金を繰り入れることができるか。

Explanation

　法人の有する金銭債権の一部が民事再生法の規定による再生計画認可の決定により切り捨てられた場合には、その切り捨てられた部分の金額は、その事実の発生した事業年度において貸倒損失として損金の額に算入される（法基通9-6-1(1)）。

　しかしながら、このCaseの場合は、再生計画認可の決定により切り捨てられた金額はなく、また、X4年6月末が到来しておらず、追加弁済や

切捨てが行われていないから、法律的にも債権が消滅していないこととなり、この取扱いに基づく貸倒損失の計上はできない。

一方、貸倒引当金制度の適用法人にあっては、民事再生法の規定による再生計画認可の決定により、その決定のあった日の属する事業年度終了の翌日から5年を経過する日までに弁済がされることとなっている金額以外の金額を繰入限度額とする貸倒引当金を損金経理により繰り入れることができる（法法52①、法令96①一）。

このCaseの場合、追加弁済の可能性及び弁済される金額は不明なのであるから、残債1,500万円の全額が「5年を経過する日までに弁済がされることとなっている金額以外の金額」に該当すると解するのが相当と思われる。したがって、X2年3月期において、個別評価金銭債権に係る貸倒引当金の繰入対象とすることができる。

ただし、そのうちに質権、抵当権、所有権留保、信用保証等により担保されている部分があれば、その担保部分相当額はその対象から控除することとなる（法令96①一、法基通11-2-5）。

Case II-2-5 特定調停において弁済期限の延長等が行われた場合

　E社はY社に対して貸付金を有しているが、Y社の業績が著しく悪化し債務の全額を弁済することが不可能となったことを理由として、簡易裁判所に特定調停を申し立て、大部分の債権者が特定調停手続に参加し、調停が成立した。

　調停では、E社のY社に対して有する金銭債権の一部を切り捨てた上、残額についての弁済期限（貸付時の条件では3年）を10年とすることとされた。切捨額については貸倒損失とした（法基通9-6-1(3)ロ）が、残額について個別評価金銭債権に係る貸倒引当金の繰入れはできるのか。なお、E社は、貸倒引当金制度の対象法人に該当する。

Explanation

　特定調停法については、Case I-1-11を参照。

　特定調停の調停条項において、特定債務者に対する金銭債権に対する弁済の猶予や分割弁済により弁済期限が延長されることとなった場合には、そのことだけでは弁済が免除されるわけではないので、切り捨てられた額を除き、原則として、債権者の課税上影響が生ずることはない。

　しかしながら、貸倒引当金制度の対象法人に該当する法人が有する金銭債権について、法令の規定による整理手続によらない関係者の協議決定で、

① 債権者集会の協議決定で合理的な基準により債務者の負債整理を定めているもの
② 行政機関、金融機関その他第三者のあっせんによる当事者間の協議により締結された契約でその内容が①に準ずるもの

に基づいてその弁済を猶予され、又は賦払により弁済される場合には、

Ⅱ　貸倒引当金

　その猶予又は分割弁済されることとなる金銭債権の額のうち、その事由が生じた事業年度終了の日の翌日から5年を経過する日までに弁済されることとなっている金額以外の金額（担保権の実行その他によりその取立て又は弁済の見込みがあると認められる部分の金額を除く。）は、個別評価による貸倒引当金の繰入れが認められている（法法52①、法令96①一、法規25の2）。

　したがって、このCaseの場合には、調停条項の内容が「債権者集会の協議決定で合理的な基準により債務者の負債整理を定めているもの」等に該当するものと考えられるので、6年目以降に弁済されることとなっている金額（担保権の実行その他によりその取立て又は弁済の見込みがあると認められる部分の金額を除く。）を個別評価金銭債権に係る貸倒引当金として繰り入れることができる。

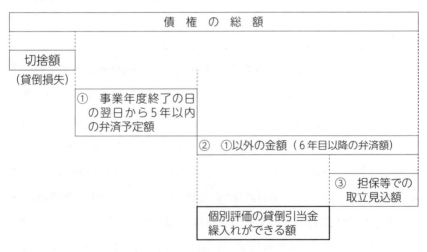

第2部　ケーススタディ

Case II-2-6　個別評価金銭債権に係る貸倒引当金における担保物の評価

　個別評価金銭債権についての担保物が土地である場合、貸倒引当金が毎期洗替えであることからすれば、毎期末において担保土地の処分見込額を評価し直すこととなるか。

Explanation

　貸倒引当金は毎期洗替えであり、個別評価金銭債権に係る貸倒引当金についても、翌事業年度においては戻入れを行い、改めて翌事業年度末においてその金銭債権に係る回収可能額を算定して回収できないと見込まれる部分の金額を貸倒引当金として繰り入れることとなる（法法52①⑩）。

　担保物が土地である場合、その土地の処分により回収できる金額がいくらであるかということが問題となるため、基本的には、毎期末において担保土地の処分見込額を評価し直すこととなる。

　しかしながら、実務上の煩雑さを考慮して、金融機関においては、おおむね3年ごとに鑑定評価するとともに、その間については土地の価額の上昇率又は下落率を鑑定評価の価額に乗じる等により時点修正を行って評価している場合には、それを適正な費用価額として取り扱って差し支えないとの弾力的な取扱いが明らかにされており（国税当局から差し支えない旨の回答を得たとの会員銀行への連絡……平11.3.30付　全銀協通達「貸倒償却および個別貸倒引当金繰入れの税務上の取扱いについて」平11調々第53号）、これに準ずる方法で毎期末の評価をしている場合には、それが認められるものと考える。

156

Case II-2-7 個別評価金銭債権に係る貸倒引当金の損金算入時期

　F社の取引先Z社が5年前に不渡りを出し、Z社の代表者がそのまま行方不明になっている。

　それにもかかわらず、F社はZ社に対する売掛債権につき、特に処理を行うことがないまま現在に至っている。

　今期、Z社に対する売掛債権について個別評価の貸倒引当金の繰入れをしたいと考えているが、手形交換所による取引停止処分があった事業年度に貸倒引当金を計上しなかった場合でも、その後の状況が変わっていなければ、形式基準による50％の貸倒引当金を繰り入れることができるか。

Explanation

　貸倒引当金は毎期洗替えであり、個別評価金銭債権に係る貸倒引当金についても、翌事業年度においては戻入れを行い、改めて翌事業年度末においてその金銭債権に係る回収可能額の算定等により、貸倒引当金の繰入れをすることとなっている。

　手形交換所による取引停止処分は、形式基準による50％の繰入事由となっており（法令96①三ホ、法規25の3一）、その事由が生じた事業年度から継続して貸倒引当金勘定に繰り入れていることを損金算入の条件としているわけではないから、その後の状況に変化がないとすれば、50％の繰入れは認められる。

Case Ⅱ-2-8　一部回収が見込まれる金銭債権について全額を貸倒損失とした場合

　G社は、X社に対する売掛債権800万円について、その全額が回収不能であると判断して貸倒損失（法基通9-6-2）として損金経理を行った。

　その後、税務調査により、その一部である150万円について回収可能であることが判明したが、この場合、貸倒損失800万円全額が否認されることとなるか。

Explanation

　金銭債権の全額が回収不能であることを理由に貸倒処理を行った場合、自己監査や税務調査において一部回収可能であることが判明したときは、その貸倒処理は誤りであったということとなる。

　この場合、全額回収不能であるという判断は誤っていたものの、明らかに個別評価金銭債権に係る貸倒引当金の設定が認められる回収不能額があるときは、この回収不能額を控除した金額を基に修正することが認められるかという問題がある。

　法人税法上、個別評価金銭債権に係る貸倒引当金の損金算入については、「損金経理により貸倒引当金勘定に繰り入れた金額」のうち繰入限度額に達するまでの金額を損金の額に算入することとされており、また、確定申告書にその繰入額の損金算入に関する明細の記載があることが適用要件となっている（法法52①③）。一方、貸倒処理をした場合には、その金銭債権を直接減額し、貸倒引当金勘定などは財務諸表に一切表示されないこととなる。

　このような規定ぶりからすると、このCaseの場合は、800万円の貸倒損失の全額を修正（所得の金額に加算）しなければならないようにも考えられるが、確定申告書に「個別評価金銭債権に係る貸倒引当金の損金算

入に関する明細書」が添付されていない場合であっても、それが貸倒損失を計上したことに基因するものであり、かつ、その確定申告書の提出後にその明細書の提出がされたときは、宥恕規定（法法52④）を適用し、貸倒損失の額をその債務者についての個別評価金銭債権に係る損金算入額として取り扱うことができるものとされている（法基通11－2－2）から、X社に対する売掛債権800万円について、個別評価金銭債権に係る貸倒引当金の繰入れが認められる疎明資料を保存していることを条件として、貸倒引当金繰入限度超過額150万円を修正（所得の金額に加算）することが認められる。

Case II-2-9　関係会社に対する貸倒引当金繰入額が寄附金認定されるか

　H社は、兄弟会社であるY社の債務超過の状態が相当期間継続しているため、同社に対する貸付金について個別評価金銭債権に係る貸倒引当金を計上した。

　最終的には債権放棄せざるを得ないものと見込まれるが、債権放棄の場合には法人税基本通達9-4-1や9-4-2により寄附金に該当しないこととなるのかどうかについては、現状ではまだ不透明な状態である。

　この場合、貸倒引当金の繰入損について、上記通達と同様の考え方により、これに当てはまらなければ寄附金に該当することとなるのか。

Explanation

　個別評価金銭債権に係る貸倒引当金は、一定の事実が生じていることによりその一部につき貸倒れその他これに類する損失が見込まれる場合に、その損失の見込額を損金経理により引当てるものである。そして、貸倒引当金は毎期洗替えであり、個別評価金銭債権に係る貸倒引当金についても、翌事業年度においては戻入れを行い、改めて翌事業年度末においてその金銭債権に係る回収可能額を算定して回収できないと見込まれる部分の金額を貸倒引当金として繰り入れることとなる（法法52①⑩）。

　したがって、貸倒引当金の繰入れ段階では、債務者に経済的利益を供与したわけではないから、寄附金課税の問題が生ずることはない。

　なお、最終的に債権放棄した場合に初めて、貸倒損失なのか、寄附金なのか、子会社等の整理損失（法基通9-4-1）又は再建支援損（法基通9-4-2）なのかを判断することとなる。

Case II-2-10 手形交換所の取引停止と繰入れの時期

　I社は、売上先Z社がX1年3月に起こした第1回目の不渡事故を手形交換所の取引停止と誤認し、X1年3月期において同社に対する債権について形式基準による個別評価貸倒引当金を繰り入れた。

　Z社は翌月（X1年4月）に2回目の不渡事故により取引停止処分を受けているが、X1年3月期における繰入れは認められないか。

Explanation

　法人の各事業年度終了の日までに債務者の振り出した手形が不渡りとなり、その事業年度分に係る確定申告書の提出期限（提出期限が延長されている場合には、その延長された提出期限）までにその債務者について手形交換所による取引停止処分が生じた場合には、その事業年度において形式基準による貸倒引当金の繰入れを行うことができるものとして取り扱われている（電子債権記録機関による取引停止処分が生じた場合も同様に取り扱われている。）（法基通11-2-11）。

　したがって、X1年3月に第1回目の不渡りが生じ、翌月（確定申告書の提出期限前）に手形交換所の取引停止処分を受けているということからすれば、X1年3月期の貸倒引当金の繰入れは認められる。

第2部　ケーススタディ

Case II-2-11　外国法人が外国の手形交換所の取引停止処分を受けた場合

　J社の取引先であるX社（外国法人）は、所在地国の手形交換所の取引停止処分を受けた。

　この場合、X社に対する売掛債権について個別評価による50％の貸倒引当金を繰り入れることが認められるか。

Explanation

　金銭債権に係る債務者につき、手形交換所（手形交換所のない地域にあっては、その地域において手形交換業務を行う銀行団を含む。）による取引停止処分があった場合には、その金銭債権の額から次の金額を控除した残額の50％相当額が個別貸倒引当金繰入限度額となる（法令96①三、法規25の3）。

① 債務者から受け入れた金額があるため実質的に債権とみられない部分の金額

② 担保権の実行、金融機関又は保証機関による保証債務の履行その他により取立て等の見込みがあると認められる部分の金額

　この規定は、日本の国内法における規定等を前提としているが、これは、債務者についての外形的事実の発生に着目するという法令の趣旨に照らし、国外の債務者についてこれに類する事由が生じた場合にも、適用があることとされている（法基通11-2-12）。

　したがって、国外にある債務者について所在地国の手形交換所の取引停止処分を受けた場合には、個別評価による50％の貸倒引当金を繰り入れることが認められる。

　なお、他の形式基準の場合の個別評価の事由（法令96①三）及び長期棚上げの場合における個別評価の事由（法令96①一）についても同様とされている（法基通11-2-12）。

Ⅱ　貸倒引当金

Case Ⅱ-2-12　手形交換所の取引停止後に取引再開があった場合の形式基準による繰入れ

　K社の取引先であるY社が手形交換所の取引停止処分を受けたため、債権者集会によりY社の負債整理（金融機関を含めた協議決定で、内容は合理的なものと考えられる。）を定め、その経営の再建を図ることとされた。

　取引停止処分から期末までの取引等の経緯（債権額の一部切捨て及び債権債務の新規発生）は次のとおりであり、切捨額300万円については法人税基本通達9-6-1(3)イにより貸倒損失としたが、期末現在の債権について50％の貸倒引当金を繰り入れることができるか、できるとすれば、個別貸倒引当金繰入限度額はどう計算することとなるのか。

〈経緯等〉

年月日	事実	内容
X1.8.1	手形交換所における取引停止処分	売掛金の額1,000万円 （抵当権等で担保されている額なし）
X1.12.15	債権者集会において負債整理の協議決定	X1.8.1現在の債権金額の30％（300万円）を切り捨て、残額700万円は5年分割返済
X1.12.16 ～X2.3.31	取引の再開	売上120万円（期末に売掛となっている） 仕入200万円（期末に買掛となっている） 回収　なし
X2.3.31 （期末）		期末売掛金の額　820万円 期末買掛金の額　200万円

Explanation

　債権者集会の協議決定で合理的な基準により債務者の負債整理を定めているものに基づいて切り捨てられることとなった部分の金額は、その事実が発生した日の属する事業年度において貸倒損失として損金算入される（法基通9-6-1(3)イ）。

また、その債権者集会の協議決定で長期棚上げとされた部分の金額（協議決定の日の属する事業年度終了の日から5年を経過する日までに弁済されることとなっている金額以外の金額）は、個別貸倒引当金繰入限度額とされている（法令96①一ニ、法規25の2一）。

このCaseの場合、切捨額について貸倒損失として損金算入されるものの、残債権は5年間で弁済されることとなっており、法令等による長期棚上額はないこととなる。

したがって、残債権（5年以内の弁済額部分）については、債務者の債務超過の状況が相当期間（おおむね1年以上）継続している場合に、回収不能見込額により個別評価金銭債権に係る貸倒引当金を繰り入れることが認められることとなる（法令96①二、法基通11-2-6）が、このCaseの場合、債務者が手形交換所の取引停止処分を受けているので、形式基準による個別評価金銭債権に係る貸倒引当金を繰り入れることが認められる（法令96①三、法規25の3）。

この場合、個別貸倒引当金繰入限度額は、次のように計算される。

| 算 式 |

〔1,000（発生時売掛金）－300（切捨額）－{200（新規発生債務）－120（新規発生債権）}〕×50％＝310万円（個別貸倒引当金繰入限度額）

3 一括評価金銭債権に係る貸倒引当金

Case Ⅱ-3-1 電子マネー等による決済の場合の未収入金に係る貸倒引当金

A社（小売業、3月決算）は、決済の方法として電子マネーを導入したが、決算においてその未決済残額が8,000万円ほどある。この残高は、通常1か月程度で現金化されるが、貸倒引当金の対象となる金銭債権等に該当するか。

〈参考〉

① 顧客がA社でチャージをした時点

（借方）預　り　金　×××　（貸方）現　　　金　×××

② 顧客がA社で電子マネーにより買い物等をした時点

（借方）売　掛　金　×××　（貸方）売　　　上　×××

③ 電子マネー決済機関との精算時

（借方）現　預　金　×××　（貸方）売　掛　金　×××
　　　　支払手数料　×××　　　　　預　り　金　×××

Explanation

電子マネーには種々の形態があるが、一般的には、小売店等が商品を販売し電子マネーでその対価の決済を受けたことにより売掛債権が発生し、その売掛債権を電子マネー決済機関に譲渡し、その売掛債権の譲渡に係る対価相当額を電子マネー決済機関から受け取るまでは、その電子マネー決済機関に対して未収入金（金銭債権）を有することとなる。また、このCaseの場合、電子マネーによる決済分で代金が未回収の部分の金額は、「売掛金、貸付金その他これらに準ずる金銭債権」として一括評価金銭債権に該当し、一括評価金銭債権に係る貸倒引当金の設定対象と

なる（法法52②）。

　この場合、A社が資本金1億円以下等である中小法人（法法52①一イ～ハ）に該当し、貸倒実績率に代えて法定繰入率の選択適用をするときは、顧客がチャージをした時点で受け入れた預り金は、電子マネー決済機関に対して支払うべき債務であるから、「実質的に債権とみられない金額」として控除する必要がある（措法57の9①、措令33の7②）。

Case II-3-2 　一括貸倒引当金の対象債権

　下記の国に対する未収税金は、一括貸倒引当金繰入限度額の計算の対象としてよいか。
① 　法人税の中間納付額
② 　法人税の所得税等の還付金額
③ 　欠損金の繰戻しによる還付請求額
④ 　消費税の還付金額

Explanation

　一括評価金銭債権に係る貸倒引当金の対象となる一括評価金銭債権は、売掛金、貸付金その他これらに準ずる金銭債権（個別評価金銭債権を除く）とされている（法法52②）。この「その他これらに準ずる金銭債権」には、次のような債権が含まれる（法基通11-2-16）。

(1)　未収の譲渡代金、未収加工料、未収請負金、未収手数料、未収保管料、未収地代家賃等又は貸付金の未収利子で、益金の額に算入されたもの
(2)　他人のために立替払をした場合の立替金（前払給料、概算払旅費、前渡交際費等のように将来精算される費用の前払として一時的に仮払金、立替金等として経理されている金額を除く。）
(3)　未収の損害賠償金で益金の額に算入されたもの
(4)　保証債務を履行した場合の求償権
(5)　連結納税から離脱した法人が有する「法人税の負担額」又は「法人税の減少額」として帰せられる金額（法法81の18①）に係る未収金
(注)　法人がその有する売掛金、貸付金等の債権について取得した先日付小切手を金銭債権に含めている場合には、その計算が認められる。

一方、預貯金及びその未収利子、未払配当、保証金、敷金、預け金、手付金、前渡金等、前払給料、概算払旅費、仕入割戻しの未収金等は売掛債権等には該当しない（法基通11-2-18）。

貸倒引当金の対象となる債権は、債務者が誰であるかを問わないから、国や地方公共団体に対する売掛債権であっても貸倒引当金の設定対象とすることができる。

しかしながら、このCaseの未収税金は、自己の納付した金銭が返ってくるものであり、売掛債権等といった性質を有するものではなく、その性格上売掛債権等に該当しないから、貸倒引当金繰入限度額の計算対象とすることはできない。

Case Ⅱ-3-3 貸倒実績率の計算―子会社等に対する整理損―

　B社は、前々期において100％子会社に対する貸付金について「個別評価金銭債権に係る貸倒引当金」（貸付債権の95％相当額）を繰り入れ、損金の額に算入した。

　前期、その子会社を解散・清算することに伴って債権放棄を行い、子会社等の整理損失（法基通9-4-1）としてその債権額全額を損金算入するとともに、個別評価金銭債権に係る貸倒引当金を取り崩して益金の額に算入した。

　この場合、貸倒実績率の計算上、子会社等の整理損失を貸倒損失（法令96⑥二イ）とし、個別評価金銭債権に係る貸倒引当金の取崩額を貸倒損失から控除する金額（法令96⑥二ニ）とすることでよいか。

Explanation

　子会社の清算に伴うその子会社への債権放棄が、子会社等を整理する場合の損失負担等（法基通9-4-1）として寄附金の額に該当しない場合、その損失は、厳密にいえば「貸倒損失」とはいささかその性質が異なるものと考える。特に100％子会社であるような場合は、その親会社の都合が加味されるから、たとえ寄附金には該当しないとしても、それはやむを得ず行われる損失負担等（事業上の必要な費用）であるがゆえに寄附金に該当しないとされるものであり、もともと債権者の都合とはかかわりのないところで発生する貸倒損失とは異なるものと考えられるからである。

　しかしながら、そのような損失負担等の手段として行われる債権放棄も、事実上回収できない金銭債権の放棄という点から、貸倒損失として認識し処理することも否定し得ない（平16.12.24最高裁判決）こと。また、

169

子会社に対する金銭債権についても「個別評価金銭債権に係る貸倒引当金」の繰入れが認められ、その損金算入額を貸倒実績にカウントしている（法令96⑥二ロ）ことを併せ考えれば、その債権放棄による損失を貸倒実績として貸倒実績率の計算上分子の額に含めることが認められるものと考える。

　なお、その債権放棄について法人税基本通達9-4-1の適用がなく、税務上寄附金とされるような場合には、その放棄損失は貸倒損失には含まれない。

Case II-3-4 貸倒実績率の計算―適格合併があった場合―

　C社（合併法人：3月決算）は、X3年12月末に甲社（3月決算）、乙社（3月決算）を、X4年7月末に丙社（3月決算）を吸収合併した。いずれも100％子会社を合併したもので、適格合併に該当する。

　この場合、C社のX5年3月期の貸倒実績率の算定方法は、次のとおりでよいか。

	X1/3期	X2/3期	X3/3期	X4/3期
C社	12	12	12	
貸倒損失等	①	②	③	
一括債権	Ⓐ	Ⓑ	Ⓒ	

	X1/3期	X2/3期	X3/3期	X3/12期
甲社	12	12	9	
貸倒損失等	④	⑤	⑥	
一括債権	Ⓓ	Ⓔ	Ⓕ	

	X1/3期	X2/3期	X3/3期	X3/12期
乙社	12	12	9	
貸倒損失等	⑦	⑧	⑨	
一括債権	Ⓖ	Ⓗ	Ⓘ	

	X1/3期	X2/3期	X3/3期	X4/3期
丙社	12	12	12	
貸倒損失等	⑩	⑪	⑫	
一括債権	Ⓙ	Ⓚ	Ⓛ	

X5年3月期の貸倒実績率の計算

$$\frac{\{(①+②+③)+(④+⑤+⑥)+(⑦+⑧+⑨)+(⑩+⑪+⑫)\} \times \dfrac{12}{138(=36+33+33+36)}}{\{(Ⓐ+Ⓑ+Ⓒ)+(Ⓓ+Ⓔ+Ⓕ)+(Ⓖ+Ⓗ+Ⓘ)+(Ⓙ+Ⓚ+Ⓛ)\} \div 12(=3+3+3+3)}$$

第2部　ケーススタディ

Explanation •

　適格合併が行われた場合の貸倒実績率（小数点以下4位未満の端数を切り上げる）は、被合併法人の貸倒損失等の金額を合併法人の貸倒損失等に含めて計算することとなる（法令96⑥）。

　このCaseの場合、全て3月決算法人であり、甲社及び乙社のみなし事業年度がそれぞれ9か月であるから、前3年間（X1年4月1日からX4年3月31日まで）に開始した被合併法人の各事業年度における貸倒損失等を合併法人の貸倒損失等に含めて貸倒実績率を計算することとなり、上記算式によることとなる。

　なお、適格合併が行われた場合、被合併法人のその適格合併の日の前日の属する事業年度の所得の金額の計算上損金の額に算入された個別評価貸倒引当金勘定及び一括評価貸倒引当金勘定の金額は、合併法人に引き継ぐものとされている（法法52⑧）。これを引き継いだ合併法人においては、その適格合併の日の属する事業年度の所得の金額の計算上益金の額に算入し（法法52⑪）、改めて合併法人において貸倒引当金の繰入計算をすることとなる。

Ⅱ 貸倒引当金

Case Ⅱ-3-5 法定繰入率と貸倒実績率の選択適用

D社（中小法人）は、前期において、一括貸倒引当金繰入限度額を法定繰入率（0.006）により計算したが、前期に多額の貸倒損失が生じたため、当期は貸倒実績率により繰入限度額を計算したいと考えているが、認められるか。

Explanation

貸倒引当金制度の対象法人が、その有する売掛金、貸付金その他これらに準ずる金銭債権で、個別評価金銭債権を除いたもの（一括評価金銭債権）の貸倒れによる損失の見込額として各事業年度において損金経理により貸倒引当金勘定に繰り入れた金額のうち一括貸倒引当金繰入限度額に達するまでの金額は、損金の額に算入されることとなっている（法法52②）。

この一括貸倒引当金繰入限度額は、その事業年度終了の時において有する一括評価金銭債権の帳簿価額の合計額に過去3年間の貸倒損失発生額に基づいて計算される貸倒実績率を乗じて計算する（法令96⑥）が、資本金1億円以下等である中小法人（法法52①一イ～ハ）については、貸倒実績率による計算に代えて法定繰入率を用いる計算の選択適用が認められる（措法57の9、措令33の7②④）。

この場合、貸倒実績率による計算を適用するか法定繰入率を用いる計算を適用するかは、法人が各事業年度ごとに選択適用でき、継続適用することを要件とはされていない。

なお、中小法人であっても、平成31年4月1日以後開始する事業年度について適用除外事業者（その事業年度の前3年の課税所得の年平均額が15億円を超える法人（措法42の4⑧六の二））に該当する場合には、法定繰入率の採用ができないこととされている（措法57の9①②）。

Case II-3-6 法定繰入率を適用する場合の「主たる事業」

E社（中小法人）は、家電製品の小売業を営んでいるが、最近、パソコンの販売が伸びるとともに、当期はパソコンの修理関係の収益が著しく伸びる結果となった。

その結果、修理部門の収益が小売部門の販売収益を上回ることとなったが、一括評価金銭債権に係る貸倒引当金の設定に当たって、従来の小売業の法定繰入率（10/1,000）を用いてもよいか。

また、小売業と修理業に区分して繰入率を適用することは認められるか。

Explanation

中小法人又は公益法人等若しくは協同組合等については、一括評価金銭債権の実績繰入率に代えて、次の法定繰入率の選択適用が認められる（措法57の9①、措令33の7②④）。

算 式

繰入限度額 ＝ [期末一括評価金銭債権の帳簿価額 － 実質的に債権とみられない金額] × 法定繰入率

法定繰入率は、その法人の営む主たる事業の区分に応じて次のように定められている。

　イ　卸売業及び小売業（飲食店業及び料理店業を含む。）……… 10/1,000
　ロ　製造業……………………………………………………………… 8/1,000
　ハ　金融業及び保険業………………………………………………… 3/1,000
　ニ　割賦販売小売業並びに包括信用購入あっせん業

及び個別信用購入あっせん業……………………………………13/1,000
　ホ　その他…………………………………………………………… 6/1,000
　法人の営む主たる事業がいずれの事業に該当するかは、その事業の収入金額又は所得金額の状況、使用人の数等事業の規模を表す事実、経常的な金銭債権の多寡等を総合的に勘案し、総務省が発表している日本標準産業分類の基準によって区分するのであって、2以上の事業を兼営しているとしても、それぞれの事業ごとに区分して繰入限度額を計算することは認められない（措通57の9-3、57の9-4）。

　また、法人が2以上の事業を兼営している場合に、その2以上の事業のうち1の事業を主たる事業として判定したときは、その判定の基礎となった事実に著しい変動がない限り、継続してその判定した1の事業を主たる事業とすることができることとされている（措通57の9-4（注））。

　このCaseの場合、従来から事業主体は小売業の方にあったものが、たまたま当期には修理業に係る収益が小売業に係る収益を上回ったというのであれば、主たる事業は小売業であるとして繰入率を適用することができる。

　なお、中小法人であっても、平成31年4月1日以後開始する事業年度について適用除外事業者（その事業年度の前3年の課税所得の年平均額が15億円を超える法人（措法42の4⑧六の二））に該当する場合には、法定繰入率の採用ができないこととされている（措法57の9①②）。

Case II-3-7 法定繰入率を適用する場合の「実質的に債権とみられない金額」の簡便計算

　F社(中小法人)は、一括評価金銭債権に係る貸倒引当金の設定に当たって、法定繰入率を使用することを考えているが、法定繰入率の被乗数である〔期末一括評価金銭債権の帳簿価額−実質的に債権とみられない金額〕の計算に当たり、毎期、金銭債権の相手先ごとに「実質的に債権とみられない金額」を把握することはかなり煩雑である。

　簡便法が認められると聞いたが、どのようなものか。

Explanation

　中小法人又は公益法人等若しくは協同組合等については、一括評価金銭債権の実績繰入率に代えて、次の法定繰入率の選択適用が認められる(措法57の9①、措令33の7②④)。

> **算式**
>
> 繰入限度額 ＝ 〔期末一括評価金銭債権の帳簿価額 − 実質的に債権とみられない金額〕× 法定繰入率

　上記算式の「実質的に債権とみられない金額」には、債務者から受け入れた金額がその債務者に対して相殺適状にある者だけでなく、金銭債権と相殺的な性格をもつもの及びその債務者と相互に融資しているもの等であるである場合のその債務者から受け入れた金額に相当する金銭債権も含まれ、次のような金額がこれに該当する(措通57の9-1)。

(注) 個別評価金銭債権に係る貸倒引当金の形式基準の場合の「実質的に債権とみられない金額」とは、支払手形が含まれる点に相違がある。

イ　同一人に対する売掛金又は受取手形と買掛金又は支払手形がある場合のその売掛金又は受取手形の金額のうち買掛金又は支払手形の金額

に相当する金額
ロ　同一人に対する売掛金又は受取手形と買掛金がある場合において、その買掛金の支払のために他から取得した受取手形を裏書譲渡したときのその売掛金又は受取手形の金額のうちその裏書譲渡した手形（支払期日の到来していないものに限る。）の金額に相当する金額
ハ　同一人に対する売掛金とその者から受け入れた営業に係る保証金がある場合のその売掛金の額のうち保証金の額に相当する金額
ニ　同一人に対する売掛金とその者から受け入れた借入金がある場合のその売掛金の額のうち借入金の額に相当する金額
ホ　同一人に対する完成工事の未収金とその者から受け入れた未成工事に対する受入金がある場合のその未収金の額のうち受入金の額に相当する金額
ヘ　同一人に対する貸付金と買掛金がある場合のその貸付金の額のうち買掛金の額に相当する金額
ト　使用人に対する貸付金とその使用人から受け入れた預り金がある場合のその貸付金の額のうち預り金の額に相当する金額
チ　専ら融資を受ける手段として他から受取手形を取得し、その見合いとして借入金を計上した場合又は支払手形を振り出した場合のその受取手形の金額のうち借入金又は支払手形の額に相当する金額
リ　同一人に対する未収地代家賃とその者から受け入れた敷金がある場合のその未収地代家賃の額のうち敷金の額に相当する金額

　この「実質的に債権とみられない金額」は、各事業年度末において、それぞれの債務者に対する金銭債権について計算するのが原則であるが平成27年4月1日に存在していた法人は金銭債権のうち「実質的に債権とみられない金額」の計算を次の簡便計算によることが認められる（措令33の7③）。

算式

期末一括評価金銭債権の額 × [分母と同一の各事業年度終了の時における実質的に債権とみられない部分の金額の合計額] / [平成27年4月1日から平成29年3月31日までの間に開始した各事業年度終了の時における一括評価金銭債権の額の合計額] [分数の割合に小数点3位未満の端数があるときはこれを切り捨てる] = 実質的に債権とみられない金額

　したがって、平成27年4月1日から平成29年3月31日までの間に開始した各事業年度を「基準年度」として、これらの各事業年度における「実質的に債権とみられない金額」の実績値を、それぞれの債務者に対する金銭債権について計算しておけば、簡便計算によることが認められることとなる。

(注) 平成27年4月1日前に開始した事業年度において簡便計算による場合は、上記算式の分母及び分子の基準年度は「平成10年4月1日から平成12年3月31日までの間に開始した各事業年度」とされる（平27年改正法附則33、42）。平成27年度税制改正によりこの基準年度が「平成27年4月1日から平成29年3月31日までの間に開始した各事業年度」とされたものであるが、平成27年4月1日以後最初に開始する事業年度においては、基準年度が当期のみとなる。

　また、簡便計算は継続適用を要件としているわけではないので、事業年度ごとに選択できるから、「平成27年4月1日から平成29年3月31日までの間に開始した各事業年度」にあっては、将来簡便計算を行うか否かにかかわらず実績値を計算しておく必要がある。

　なお、中小法人であっても、平成31年4月1日以後開始する事業年度について適用除外事業者（その事業年度の前3年の課税所得の年平均額が15億円を超える法人（措法42の4⑧六の二））に該当する場合には、法定繰入率の採用ができないこととされている（措法57の9①②）。

Ⅲ 債権放棄と寄附金

1 寄附金

Case Ⅲ-1-1 貸倒損失と寄附金の区分

　A社は、得意先X社に対する売掛金が取引の増加に伴って多額となり、しかもその信用面で危惧されるところがあったことから、担保として上場有価証券を徴している。

　昨年の夏頃からX社の代金決済が急激に悪化し、今年4月以降は全く入金されない状況になったので、A社としても5月以降は納入を差し止め、入金を督促してきた。

　しかしながら、現在のX社の営業状態では、仮にその回収が図れるとしてもかなりの長期間を要し、しかも、その間ある程度の取引を継続しなければならないこととなる。

　そこで、A社は、X社と協議し、未回収の売掛金2,500万円については、担保として徴していた上場有価証券（時価950万円）を代物弁済に充てるとともに、150万円を現金決済し、残額（1,400万円）は債務免除をするという形で解消することとした。

　このような場合、債務免除した1,400万円を貸倒損失として差し支えないか。

Explanation

　債務者であるX社について会社更生法、民事再生法、破産法等の法的整理又は法令の規定によらない私的整理の手続に入った事実は窺われないし、X社の事業閉鎖、解散等の事実もなく、一応事業が継続されてい

るものと認められる。

　法人が、その有する金銭債権について、その債務者の債務超過の状態が相当期間継続し、その弁済を受けることができないと認められる場合において、その債務者に対し書面をもって債務の免除を行ったときは、その免除額を貸倒損失とすることとされている（法基通9-6-1(4)）が、債務者の資産状態等からみて相手に返済能力があるにもかかわらずこれを免除したときは、経済的利益を供与したものとして、その免除額は寄附金として取り扱われる（法法37⑦）。

　このCaseの場合、X社における債務超過の状態がどの程度の期間継続していたのか、本当に弁済を受けることができない状態にあったか、爾後の取引が全く中止されているのか等の点を総合的にみて判断することとなるが、どちらかといえば寄附金に該当する可能性が高いものと考える。

　なお、債務免除を受けたX社にあっては、A社における貸倒損失又は寄附金のいずれの取扱いになるかにかかわらず、その債務免除額に相当する金額を受贈益として益金の額に算入することとなる。

　ちなみに、1,400万円について債務免除をしないでおいて、取引停止後1年以上経過した時点で備忘価額を残して貸倒処理をする（法基通9-6-3(1)）ことは認められるものと思われる（この場合には、債務免除が行われるわけではないので、X社において債務免除益は生じない。）。

III 債権放棄と寄附金

Case III-1-2　弁済率が僅少である場合の貸倒損失計上の可否

　B社は、Y社に対して10億円を融資し回収が困難な状態になっている。担保もなく、保証人はおらず、Y社の時価ベースの清算貸借対照表に準ずる書類を作成したところ、無担保債権の弁済率が3％であった。
(1)　弁済率3％を超える分の債権を貸倒損失として損金計上は可能か。
(2)　弁済率3％を超える分の債権について97％を債権放棄した場合に債権放棄額を貸倒損失として損金計上は可能か。
(3)　債権について全額を債権放棄した場合に97％は貸倒損失として、残余の3％は寄附金として損金不算入とされるのか。

Explanation

　このCaseの場合、「弁済率3％」がどのような手続において作成されたかにより取扱いが異なると考える。
　まず、法的整理手続又は私的整理手続において他の債権者等が参加した形で「Y社の時価ベースの清算貸借対照表に準ずる書類」が作成され、その手続の中で回収不能分97％の債権放棄をするのであれば、その貸倒損失は損金算入が認められる（法基通9-6-1(1)～(3)）。また、97％にとどまらず全額放棄した場合でも、それがその手続の中で、一部の大口債権者が全額放棄することで協議が整った（合理的な基準による）というのであれば、その全額の貸倒損失が認められる。
　次に、Y社の債務超過の状態が相当期間継続しているような場合には、書面による債権放棄額が貸倒損失として認められる（法基通9-6-1(4)）が、この場合、必ずしも債権放棄額が全額である必要はないものの、「弁済率3％」が適正であるのかどうかの事実認定の問題となる。仮に「弁済率3％」が正しいと仮定すると、97％の債権放棄は貸倒損失となるし、

181

全額の債権放棄をしたのであれば、理論的には97％部分の貸倒損失と、3％部分の寄附金ということとなる。

　しかしながら、実際問題として、「弁済率3％」と僅少な場合に、そのとおり回収できる保証はないし、そのような状況で経験則から全額の回収が不能と判断したとしてもさほど無理はないように思える。したがって、全額回収不能として、全額を債権放棄したとしても貸倒損失として認められる余地が十分にあるものと考える。

　これに対し、債権放棄をしないままでの貸倒損失の計上は、金銭債権の評価損の計上と同義であるから、認められない（法法33①②）。ただし、全額回収不能ということであれば、帳簿貸倒れの取扱い（法基通9-6-2）を適用することができる。

　なお、通常、不良債権について、「おおむねこれぐらいしか回収できない」との見当がついたとしても、それなりの手続を踏まない限り、回収不能部分と回収可能部分の明確な区別ができないのが一般的であり、そのような状態で全額放棄した場合、法人税法第37条第1項の規定からは「その不良債権の時価が寄附金の額である」として回収可能見込額（例えば30％）を寄附金、残り（例えば70％）を貸倒損失とするという考え方を採る論者もいる。しかし、筆者は、そのような状態における不良債権は、第三者に譲渡する場合の時価は回収見込額（例えば30％）であるが、債権者と債務者間における時価はあくまで債権金額（100％）であるから、その全額が寄附金になるものと考える（45〜48ページ参照）。

Ⅲ 債権放棄と寄附金

Case Ⅲ-1-3 休業中の子会社に対する売掛金の債権放棄

　C社（建設業）は、100％子会社であるZ社（建設業）に対する売掛金について債権放棄をする予定である。

　Z社は、市に対して休業届を提出しており、経営審査等を提出していないため、今後営業再開はできない。ただ、何年か後に事業目的を変更して新たな事業を開始する予定となっている。

　この場合、親会社であるC社が債権放棄した売掛金については貸倒れとして認められるか。

Explanation

　Z社について法的整理手続等、法人税基本通達9-6-1《金銭債権の全部又は一部の切捨てをした場合の貸倒れ》の(1)から(3)までに掲げられている事実（法的整理、特別清算、債権者集会等による私的整理）が生じたのであれば、その債権放棄による貸倒損失の計上が認められるものと考える。

　しかしながら、このCaseの場合、子会社Z社が休業中ということではあるが、何年か後に新事業を開始する予定とのことであり、法的整理等の事実は窺われない。

　一般的に、貸倒損失は、債権者の都合や思惑とは関係なく発生する性質のものであるから、子会社の経済活動をコントロールしている100％親会社にとって、子会社に対する金銭債権について「貸倒損失」が生ずるというのは、考えにくい状況といえる。

　一般的には、「寄附金」として取り扱われ、Z社が100％子会社であるので、全額損金不算入とされる（法法37②）。

　ただし、Z社の新規事業を含めた合理的な再建計画を策定し、その計

画の中で債権放棄をするというのであれば、法人税基本通達9-4-2《子会社等を再建する場合の無利息貸付け等》の適用により、いわゆる支援損として損金算入が認められる余地はある。

Case Ⅲ-1-4 　債権放棄と寄附金処理

　D社は、X1年5月、同社の代表取締役甲の妻の父乙が経営するX社に対して1億5,000万円を貸し付けた。当時、X社は既に債務超過に陥っていたが、D社からの借入金で銀行融資を返済し、会社再建を図ることとしていたものであり、この貸付けについてはD社取締役会の承認を得ている。

　　貸付金の内容：元金　　　1億5,000万円
　　　　　　　　　金利　　　0.8％
　　　　　　　　　損害金　　14％
　　　　　　　　　担保　　　乙の自宅（土地・建物）

　X社の再建は順調にいかず、最新のX社の資産としては、乙に対する貸付金約4,500万円があるだけで、他に見るべきものがないという状況である。乙からは、X社再建を断念する旨の申出があり、D社は、担保としていた乙の自宅の土地建物（時価5,000万円）をX5年2月に代物弁済として提供を受けた（乙はこれにより取得するX社に対する求償権をX社からの借入金と相殺した。）。X社は、X5年2月に解散した。

　D社は、残債権1億円について債権放棄をし、X5年3月期において処理したいが、「代表者甲個人に帰属させるべき損失」として貸倒損失処理は認められないと考えている。

　そこで、役員給与（賞与）の認定を避けるため、寄附金として処理したいがどうか。

　なお、D社とX社の間には、この金銭貸付けのほかは、商取引関係及び資本関係はない。

Explanation

　事実認定の如何にもよるが、取引関係も資本関係もない、さらには債務超過の状態にあるＸ社に対して十分な担保もなく多額の金銭の貸付けを行うこと自体、いくら取締役会の承認を得たからといって、一般的な金銭消費貸借契約に基づくものとはいい難いところがあるように思われる。

　「貸付けの動機は、貸付先が代表取締役甲の義父が経営する企業であるという個人的事情・関係に基づくものである」という事実認定・判断がなされる可能性が非常に高いといわざるを得ない。

　とすれば、その回収には代表取締役甲が全責任を負うべきであり（甲を連帯保証人にしてもよかった。）、その債権放棄は、甲に対する役員給与（賞与）として処理することを求められる可能性は高いものと考えられる。

　寄附金として処理していればよいというものでもない。

　なお、貸付期間中の金利についてすら収受していなかった場合には、貸付け当初から金銭を贈与したのではないかとの事実認定もあり得るので、留意されたい。

　ただし、仮に「貸付け当初においては、Ａ社再建の可能性が十分にあり、再建が奏功しなかったのは結果論にすぎない」という事情があるのであれば、他に回収できる資産がないことを前提にすれば貸倒損失の計上（法基通9-6-1(4)）が認められるものと考えられる。

Ⅲ 債権放棄と寄附金

Case Ⅲ-1-5　子会社に対する金銭債権の貸倒損失等

　51％子会社が特別清算による解散をした場合には、法人税基本通達9-4-1《子会社等を整理する場合の損失負担等》について検討するまでもなく、法人税基本通達9-6-1《金銭債権の全部又は一部の切捨てをした場合の貸倒れ》に基づき、会社法の規定による特別清算に係る認可決定により親会社の債権の一部が切り捨てられる金額を損金とすることができるか。

　この場合、整理損通達（法基通9-4-1）による否認リスクと特別清算コストとの比較により、特別清算を選択するかどうかの判断をすることとなるか。

Explanation

　子会社が特別清算による解散を選択し、その特別清算に係る協定の認可決定により親会社がその子会社に対して有する金銭債権の全部又は一部が切り捨てられることとなった場合には、その切り捨てられることとなった金額について、法人税基本通達9-4-1《子会社等を整理する場合の損失負担等》の取扱いを検討するまでもなく、貸倒損失として損金算入される（法基通9-6-1(2)）。

　たしかに、特別清算ではなく、普通の清算の場合、その債権放棄を含む損失負担等が整理損通達（法基通9-4-1）の適用がないと判断される場合には、寄附金課税が生ずることとなるが、現に子会社を解散・清算させる場合には、その可能性は低いものと思われる。

　そもそも、子会社を解散・清算する場合に、整理損通達（法基通9-4-1）による否認リスクと特別清算コストとの比較によりいずれの手続を選択するかという判断をするというようなものではなく、あくまで、そ

の子会社に対する金銭債権の回収可能性の程度、ないしは、金銭債権以上の損失負担をせざるを得ない状況にあるか等の事情によって判断されるべきものである。

Case Ⅲ-1-6 下請業者との取引停止による債権の一部放棄

　Ｅ社は、Ｙ社に材料を有償支給し、Ｅ社製品の専用部品の製造を委託していたが、今後の取引につき、取引条件についての合意が得られず、この取引を停止することとした。

　この時点で、Ｙ社に800万円分の支給材があったが、650万円分は回収し、残りは専用部品の製法上の秘密を外部に漏らさないという条件で放棄した。

　この場合、Ｙ社が債務超過になったというわけではないが、Ｅ社が放棄した150万円分の支給材に係る債権は貸倒損失として認められるか。

Explanation

　貸倒損失は、売掛金、貸付金等の金銭債権について、債務者がその弁済能力を喪失した等のために、その全部又は一部について回収不能となった場合に生ずるものである。このCaseの場合、Ｙ社に弁済能力がなくなったための債権放棄ではないので、貸倒損失には該当しない。

　そうすると、Ｅ社はＹ社に対して経済的利益を供与したこととなり、そのことに合理的な経済目的やその他の事情があると認められない場合には、単なる贈与として寄附金に該当することとなる。

　しかしながら、一般に寄附金とは、事業と直接関係なく、任意に、かつ、対価の授受なく無償で行われる財産的給付をいい、広告宣伝費、交際費等、福利厚生費に該当する場合はもちろん、一見無償のようにみえても、これと見合いの対価的給付を受けているか、又は合理的な経済目的その他の事情が存する場合には、寄附金に該当しないこととされている（法基通9-4-1、9-4-2）。

　このCaseの場合、Ｙ社との取引を停止した経緯及び債権の一部を放棄

するに至った事情からいえば、E社がY社に対して贈与の意思をもって債権の一部を放棄したものとはいえない。むしろ、製法上の秘密を外部に漏らさないためということであるから、その債権放棄による損失は、いわば企業防衛のための費用と認められる。したがって、寄附金に該当せず、一時の損金として取り扱われることとなるものと考える。

Ⅲ　債権放棄と寄附金

Case Ⅲ-1-7　得意先に対する売掛金の一部放棄

　F社の得意先Z社は、急激に業績内容が悪化し代金決済も滞りがちになった。そこでF社としては、納品を差し止め、入金を督促してきたが、現在のZ社の状況では、仮に回収が図れるとしてもかなりの長期間を要し、しかも、その間はある程度の取引を継続しなければならないこととなる。

　この問題を解決するため、F社はZ社と協議し、①今後の決済は現金決済とすること、②未回収の売掛金800万円については、担保として徴していた上場有価証券（時価150万円）を代物弁済に充てるとともに、200万円の現金による返済を受けた上で残額（450万円）を債務免除することとした。

　この場合、債務免除した450万円について貸倒損失として損金算入が認められるか。それとも寄附金とされるか。

Explanation

　会社がその有する売掛金、貸付金その他の債権についてその債務者の債務超過の状態が相当期間継続し、その弁済をすることができないと認められる場合において、その債務者に対して書面をもって債務の免除を行ったときに、その免除額を貸倒損失として認めることとされている（法基通9-6-1(4)）。

　このCaseの場合、Z社の資産内容が必ずしも明確ではないが、Z社について破産等資産整理の手続に入った事実もなく、事業閉鎖、解散等の事実も窺えず、一応事業が継続されているようであるから、その債務免除について貸倒損失として損金の額に算入されることはない。

　債務者の資産状態からみて相手方に返済能力があるにもかかわらずこ

れを免除した場合は、経済的利益を供与したものとして、その免除額は寄附金として取り扱われることとなる（法法37⑦⑧）。

しかしながら、このような状況において、Ｆ社が売掛債権の一部を免除する代わりに、今後の取引について現金決済によるということであるから、Ｆ社にとって今後の取引を継続することに何らかの営業政策上のメリットがあるというのであれば、その免除により実質的に贈与があったということはできない（昭38.3.30大阪地裁判決参照）。

Ｚ社における資産・負債の状況（程度・期間等）や業況がどのようであるのか、本当に弁済できない状態にあるのか、取引が全く中断されていたのか等の事実関係の詳細が不明であるので、一概にはいえないが、Ｆ社が債務免除をすることに客観的な経済合理性があるのであれば、その免除は寄附金には該当せず、寄附金以外の単純損金としてよいこととなる。

なお、債務免除を受けたＺ社においては、その免除が貸倒損失又は寄附金若しくは寄附金以外の損金のいずれに該当するかにかかわらず、債務免除に相当する金額を受贈益として益金の額に算入することとなる。

Ⅲ 債権放棄と寄附金

2 子会社等を整理・再建する場合の債権放棄

Case Ⅲ-2-1 子会社を整理する場合の債権放棄

A社は、子会社に対する債権放棄をし、貸倒損失を計上する予定であるが、法人税基本通達9-4-1《子会社等を整理する場合の損失負担等》の適用を考えている。

子会社は既に一昨年12月末に解散したが、債権者との交渉が難航し未だ清算結了には至っていない。

同通達の適用に当たって、子会社に対する損失負担について検討し、経済的合理性があると判断しているが、子会社が整理できていないことが悪影響するのではないかと懸念してる。通常清算だと時間がかかり、清算結了の目処が立たないため、早急に破産手続等に移行すべきなのか。

Explanation

(1) 法人税基本通達9-4-1の適用について

法人がその子会社の解散に伴い当該子会社等のために債権放棄をした場合において、その債権放棄をしなければ今後より大きな損失を蒙ることになることが社会通念上明らかであると認められるためやむを得ずその債権放棄をするに至った等そのことについて相当な理由があると認められるときは、その債権放棄により供与する経済的利益の額は寄附金の額に該当しないとして取り扱うこととされている（法基通9-4-1）。

子会社は既に解散しているとのことであるが、上記通達では、「その損失負担等をしなければ今後より大きな損失を蒙ることが社会通念上明らかであると認められるためやむを得ずその損失負担等をするに至った」場合を、「相当な理由があると認められる」一つの例示として明らかにし

ている。

　子会社が解散しているだけではなく、「債権放棄をしなければ今後より大きな損失を蒙ることになることが社会通念上明らかであると認められるためやむを得ずその債権放棄をするに至った」と説明できることが必要となる。これは事実認定の問題であるが、「債権者との交渉が難航し清算結了に至っていない」ことは、上記通達の適用に当たっては直接的には影響しない。

　ただ、申告納税制度を前提とすれば、この通達の適用があるかどうかを最初に判断するのは納税者自身であり、納税者自身がまず「やむを得ず行った」「相当の理由がある」と判断することとなるから、その判断の材料とした事情を説明すべき責任と権利が納税者側にあるということになる（CaseⅢ-2-2参照）。

　また、債権者との交渉が難航し未だ清算結了には至っていないとのことであるが、子会社整理に当たっては、資産の処分、従業員の処遇、債権者との交渉等々、時間を要する場合もあるであろうから、（法人税基本通達9-4-2の適用において求められる「合理的な再建計画」の程度には至らないとしても）それなりの合理的な整理計画が必要であろう。

(2) 損失の処理

　法人税基本通達9-4-1の適用が認められる場合には、その債権放棄により供与する経済的利益の額は寄附金の額には該当しないとして取り扱うこととされており、この通達の取扱いにより寄附金の額に該当しないとされた債権放棄の額は、法人税法上において寄附金の限度額の計算の対象とはせず、いわゆる「整理損」としてその全額が損金の額に算入されるが、貸倒損失の額とは取り扱われないと解される。

　したがって、この債権放棄による損金算入額は、その後の事業年度に

おける一括評価金銭債権に係る貸倒引当金の損金算入限度額を算定する場合の貸倒実績率の計算における「貸倒れにより生じた損失の額」(法令96⑥二イ)には当たらない。

(3) **破産手続に移行した場合について**

このCaseの場合、子会社の清算結了の目途が立たないために破産手続等に移行したほうがよいかどうかは、法人税法上の取扱いだけではなく、破産法などの法律関係も併せて総合的に検討する必要があるため、一概に判断することは困難である。

なお、子会社が破産手続に移行した後にこのCaseの法人が債権放棄をしても、破産法には会社更生法や民事再生法のように債権の切捨ての規定がないので、この債権放棄をした金額につき法人税基本通達9-6-1《金銭債権の全部又は一部の切捨てをした場合の貸倒れ》が直接適用されることはない(Case I-1-3参照)。

Case III-2-2 子会社を解散・整理する場合の貸付金の処理

　B社はY社の100％親会社で、Y社はB社製品の販売子会社として設立したものであるが、業績が不振であり、このままではB社本体の存続も危うくなるため、Y社を解散・清算したいと考えている。

　B社はY社に対して多額の貸付金（B社からY社への出向者に係る給与・社会保険料等で、約2,000万円に上る）があるが、解散・清算に当たってこの貸付金の全額を、法人税基本通達9-6-1《金銭債権の全部又は一部の切捨てをした場合の貸倒れ》又は同9-6-2《回収不能の金銭債権の貸倒れ》により貸倒損失とすることは認められるか。あるいは、個別評価金銭債権に係る貸倒引当金（法法52①）を設定して損金算入することは認められるか。

　また、Y社は既に一昨年12月末に解散したが、債権者との交渉が難航し未だ清算結了には至っていない状況にある。仮に、法人税基本通達9-4-1《子会社等を整理する場合の損失負担等》を適用しようとする場合には、Y社に対する損失負担についての経済的合理性があると判断しているが、Y社が整理できていないことが悪影響するのではないかと懸念している。

Explanation

　一般的に、貸倒損失は、債権者の都合や思惑とは関係なく発生するのが通常であるから、子会社の経済活動をコントロールしている100％親会社にとって、子会社に対する貸付金等について「貸倒損失」が生ずるというのは、考えにくい状況といえる。

　経営不振に陥った子会社について、テコ入れして再建を図るか、解散・清算又は他に株を譲渡して撤退するかは、株主である親会社の「経営判

断」であり、その子会社に対する金銭債権についての「貸倒損失」が経営判断に左右されるのは不合理と考えられるからである。

このCaseでは、法人税基本通達9-6-1・9-6-2の貸倒処理又は個別評価の貸倒引当金を検討しているようであるが、子会社について法的整理手続に入るのであればともかく、そうでない場合には、個別貸倒引当金の繰入れは認められるとしても、貸倒処理についての取扱いの適用は難しいのではないかと思われる。

100％子会社を解散・清算してその事業から撤退するとのことであるが、その際、親会社が諸費用を負担し、又は貸付金（未収金）残高を放棄するという場合には、法人税基本通達9-4-1《子会社等を整理する場合の損失負担等》が適用される。

同通達は、子会社等の解散、経営権の譲渡等に伴う親会社の損失負担等（債務の引受けその他の損失負担又は債権放棄をいう。）が行われたことが、「その損失負担等をしなければ今後より大きな損失を蒙ることが社会通念上明らかであると認められるためやむを得ずその損失負担等をするに至った」場合を、「相当な理由があると認められる」一つの例示として明らかにしている。

このCaseでは、例えば、次のような点から、債権放棄等をしなければ、「今後より大きな損失を蒙ることが明らかである」と説明できるのではないかと思われる。

① このまま資金供与を打ち切ってＹ社を放置した場合には、出向者の処遇等々、多くの問題を惹起することとなり、仮にこれを解決したとしても、100％親会社であるＢ社が対金融機関などの社会的信用を失い、Ｂ社自身の資金調達が困難となる結果、Ｂ社の経営が困難となる結果を招来する。

② 資金供与を継続してＹ社を存続させれば、更により多くの資金需要

を生じ、B社自身の経営が危うくなりかねない。
③ 上記①又は②により将来蒙るであろう損失は計り知れないので、Y社を解散・清算することとした。
④ 出向社員の給与等は出向元であるB社が当然に支給しなければならないものであり、これに係るY社からB社に対して支払うべき出向負担金が未収となっていたものであるが、この中には、本来、B社が負担した場合には「較差補塡金」（法基通9－2－47）として損金算入が認められたものが含まれている。

上記以外の事情は、具体的状況に沿って検討することとなるが、いずれにしても、申告納税制度の下では、「今後より大きな損失を蒙ることが明らかである」と判断するのは、まず納税者自身であるから、どのような事実関係からそう判断したのか、その判断の材料とした事実を示す資料を整理しておくことが必要と考える。

また、Y社の清算結了がまだ完了していないとしても、子会社を整理していく過程での債権放棄等であることが明らかであれば、特に問題とすることはないと考える。

なお、100％子会社の残余財産が確定し清算が結了した場合、親会社はその子会社における未処理欠損金を引き継ぐことができる（法法57②）一方、残余財産の分配を受けないことが確定した場合には、子会社株式の帳簿価額は資本金等の額の減少項目とされる（法令8①二十）ので、子会社株式の消滅損を損金算入することはできない。

Ⅲ　債権放棄と寄附金

Case Ⅲ-2-3　特定外国子会社等の整理損失

　Ｃ社には、Ｚ国に外航海運業を営むペーパーカンパニー甲・乙２社の特定外国子会社がある。

　乙社を解散し、清算をしてきたが、最終的に甲社からの借入金（6,000万円）とＣ社への未払金（3,000万円）が残ったので、Ｃ社及び甲社はこれらの金銭債権を放棄し、乙社は債務免除を受けて資産・負債ゼロとして清算結了する予定である。

　この場合、国外関連者に対する寄附金として全額損金不算入となるか、それとも海外子会社の場合も法人税基本通達９-４-１《子会社等を整理する場合の損失負担等》の適用があると考えてよいのか。Ｃ社は、子会社に対する債権放棄をし、法人税基本通達９-４-１《子会社等を整理する場合の損失負担等》の適用を考えている。

Explanation

　一般論としていえば、乙社がＣ社の子会社であり、その解散を決定したのがＣ社自身であることからすれば、単純に貸倒損失として損金算入が認められるものとはいい難いように思われる。

　法人税基本通達９-４-１《子会社等を整理する場合の損失負担等》では、子会社等の解散等に伴って損失負担等をした場合において、これがやむを得ず行われたものであり相当な理由があるときは、損失負担等による経済的利益の供与は寄附金に該当しないものとして取り扱われる旨が明示されているが、ここでは、その手段として、債権放棄のみならず、損失負担も明示されているから、事例で乙社の解散のための損失負担がやむを得ず行われると認められる場合は、債権放棄のみならず、その解散費用及び解散後の費用を負担した場合も同様に取り扱うこととなる。

このCaseでは、Z国のペーパーカンパニーである甲社と乙社のうち乙社の解散に至った事情、残っている甲社の状況等、不明な点が多いので、確定的にはいえない。

この取扱いのポイントは、「そのことについて相当な理由があると認められるとき」の例示として、「その損失負担等をしなければ今後より大きな損失を蒙ることとなることが社会通念上明らかであるためやむを得ずその損失負担等をするに至った」という事情を挙げているということである。

つまり、この例示に当てはまるのであれば当然にこの取扱いの適用を受けることとなるが、この例示から少しでも外れればこの適用がないというものではない（法基通9－4－2も同様である。）。

要は、「債権放棄をしたことが如何にやむを得なかったか」「単なる恣意的利益移転ではない」という事情を説明できるのであれば、この取扱いの対象になるものと考える。

ただ、甲社・乙社ともに解散し、その損失を負担するという場合には、法人税基本通達9－4－1の取扱いを適用することにさほど問題は生じないものと思われるが、「甲社が存続する」という点で、より慎重な検討が必要であると考えられる。

なお、100％子会社である甲社・乙社はともに「子会社等」（法基通9－4－1（注））に該当することは明らかであるから、国外関連者（措法66の4①）又は特定外国子会社等（措法66の6①）に該当するからといって、この取扱いから除外されることはない。

税務当局とすればどのような視点で検討することになるか、思いつくところを挙げると、例えば次のような事項になるものと思われる。

・子会社として甲・乙の2社があったものをなぜ甲社ではなく乙社のみ解散することとしたのか。

Ⅲ　債権放棄と寄附金

・C社・甲社・乙社間の資金関係、事業関係はどうなっているのか。
・存続する甲社の状況はどうなのか。
・C社にとって損失負担等をしなければ「今後より大きな損失を蒙ることが社会通念上明らか」と認められるのか、そうでないとしたら、どのようなやむを得ない事情があったのか。
・子会社等を解散させるのは一つの経営判断であるにしても、そこにC社の「恣意的利益移転」と認められるような事情はないか。
・C社と甲社の損失負担割合は合理的か。
・C社の損失負担等が、乙社ではなく甲社に対する利益供与と認められることはないか。
・合算対象（措法66の6）となる甲社の所得金額の計算上、乙社に対する債権放棄が寄附金に該当しないか（甲社としてもそのことにやむを得ない事情があるか。）。

仮に、単なる損失ではなく、国外関連者に対する寄附金に該当するということとなれば、その全額が損金不算入とされることとなる（措法66の4③）。

第2部 ケーススタディ

Case Ⅲ-2-4　子会社を整理する場合の債権放棄等

　D社の子会社X社は、10年以上赤字が続いており、今後も回復が見込めない状況にあるため、D社としてはX社の解散・清算を検討している。

　なお、X社の株主は、D社が85％、個人甲（D社社長）が10％、個人乙（第三者で甲の知人）が5％となっている。

　X社の負債は、D社からの借入金が8,500万円、銀行からの借入金が5,000万円となっている。銀行借入れについてはD社及び個人乙が連帯保証人となっているが、乙はX社の社長（いわゆる雇われ社長）であり、立場上連帯保証人になったもので、資産もなく負担能力はない。

　X社を清算する場合、D社は、貸付金8,500万円の債権放棄をするほか、銀行借入れ5,000万円の代位弁済を行い、求償権を放棄することとなるが、整理損として損金算入できると考えてよいか。

　また、債権放棄や求償権の放棄は、書面によらなければならないか。

Explanation

　法人がその子会社の解散に伴い当該子会社等のために損失負担等をした場合において、その損失負担等をしなければ今後より大きな損失を蒙ることになることが社会通念上明らかであると認められるためやむを得ずその損失負担等をするに至った等、そのことについて相当な理由があると認められるときは、その損失負担等により供与する経済的利益の額は寄附金の額に該当しないとして取り扱うこととされている（法基通9-4-1）。

　このCaseの場合、D社が親会社として債権放棄、求償権の放棄（乙に対する求償権の放棄を含む）をしなければ今後より大きな損失を蒙ることが社会通念上明らかであるかどうかは、事実関係の如何によるので、直ちには結論付けできないが、現に子会社X社が解散し消滅することを考

えれば、整理損として認められる可能性が大きいものと考える。

　なお、貸倒損失の取扱いでは、債務者の債務超過の状態が相当期間継続し弁済を受けることができないと認められる場合に、書面による債務免除を求めている（法基通9-6-1(4)）が、子会社等を整理する場合の損失負担等（法基通9-4-1）の取扱いの適用がある場合には、書面による債務免除の有無が特に問題となることはない。ただし、このCaseの場合、第三者である乙に対する求償権の放棄については、後のトラブルを避ける意味でも何らかの書面を作成する方が望ましいと考える。

第2部　ケーススタディ

Case Ⅲ-2-5　子会社の債務を弁済した場合

　E社（建設業）の100％子会社であるEs社は、プレハブ住宅の製造を行っていたが、その販売が不振に陥り、再建努力の甲斐もなく累積欠損金15億円を抱えるに至った。その結果、さらに事業を継続することは、Es社のみならずE社グループ全体に悪影響を与えると判断し、昨年9月に同社の事業を中止し、本年3月末日をもって同社を解散させることとした。解散した時点でのEs社の残余財産は皆無である。

　E社としては、小口債権者に損害を与えることは、親会社としての社会的責任から好ましくないので、E社が全責任をもって処理することとしているが、これにより、E社は、小口債権者に対してEs社の債務を肩代わり弁済するほか、Es社に対して有する貸付金10億円を債権放棄し、事業中止決定後に発生した清算費用約3億円を負担することとなるが、本年3月期において、これらの損失を損金の額に算入してよいか。

　なお、清算結了までにはなお期間を要すると見込まれ、翌期にも多額の損失が発生する見込みである。

Explanation

　法人がその子会社の解散に伴い当該子会社等のために損失負担等をした場合において、その損失負担等をしなければ今後より大きな損失を蒙ることになることが社会通念上明らかであると認められるためやむを得ずその損失負担等をするに至った等、そのことについて相当な理由があると認められるときは、その損失負担等により供与する経済的利益の額は寄附金の額に該当しないとして取り扱うこととされている（法基通9-4-1）。

　このCaseの場合、Es社の解散・清算に伴いE社がやむを得ず行う損失負担等であると認められるから、寄附金には該当せず、その損失負担

等の額を損金の額に算入することができる。

　なお、翌期以降に生ずることが見込まれる整理損についても、その発生した事業年度の損金の額に算入することとなる。

Case Ⅲ-2-6 子会社再建のための合理的な再建計画

　A社の100％子会社であるX社は、不動産管理業のほか貸金業を行っているが、多額の不良債権を抱え、また、資金運用として保有していた有価証券にも多額の含み損が生じているため、実質的な債務超過に陥っており、このままでは早晩、倒産することが必至の状況にある。

　A社としては、X社を解散させることを含めて検討した結果、X社の再建を図ることとした。再建計画の骨子はおおむね次のとおりである。

(1) X社が有する不良債権について、個々に債務者の資産状況、担保物の評価等を行った上で、回収計画（損失見込み）を立て、5年間で整理する。

(2) 含み損の生じている有価証券については、市場の動向をみながら5年間で処分する。

(3) 事業規模を縮小し、含み益の生じている資産については、今後の事業継続に不可欠のものを除き、譲渡し、その収益で損失を埋める。また、余剰人員の整理、経費削減により損失を埋める。

(4) A社は、X社に対する貸付金を債権放棄するほか、銀行融資についても一部肩代わり返済した上で求償権を放棄する。また、新規に無利息融資をするほか、経費助成を行う。

(5) 上記(1)から(4)までについて、5年間のX社の収支予測と併せて再建計画を策定し、常時計画の実行状況を検証した上で、必要が生じた場合には、計画の見直しを行う。

　A社がX社の再建支援を行うのは、次のような理由による。

① X社がA社の100％子会社であることは周知の事実であり、A社が何らの手当てもせずにX社を倒産させたとなれば、A社は社会的信用を失い、A社自身の営業にも悪影響を及ぼすことが必至であると考えられること。

② X社の代表者をはじめ経営陣はA社が派遣していることから、A社はX社の経営危機について責任を問われる立場にあること。
③ X社の銀行借入れについては、A社が債務保証をしており、X社が倒産した場合には、銀行から保証債務の履行を要求される立場にあり、損失を最小限にとどめるためにはX社を再建する道を選択することが良策と考えられたこと。

Explanation

法人税基本通達9-4-2《子会社等を再建する場合の無利息貸付け等》では、「子会社等の倒産を防止するためにやむを得ず行われる」経済的利益の供与が「合理的な再建計画」に基づくものである場合に寄附金に該当しない旨を明示しているが、「合理的な再建計画」であるかどうかについては、支援額の合理性、支援者による再建管理の有無、支援者の範囲の相当性及び支援割合の合理性等について、個々の事例に応じて総合的に判断することとされている（法基通9-4-2（注））。

したがって、次のような点を具体的事実に即し、総合的に検討して判断することとなる（なお、国税庁ＨＰ「子会社等を整理・支援する場合の損失負担等」に係る質疑応答事例参照）。

イ 子会社等が経営危機に陥っていて、これを放置した場合には倒産等が必至の状態にあり、その再建には親会社等の経済的支援が不可欠であること（やむを得ず行われるものであるかどうか（支援の必要性））。
ロ 支援額は再建に必要な額として合理的であるか（支援額の合理性）。
　例えば、遊休資産を処分して含み益を出したり、経費削減や経営規模の縮減等、自助努力により損失を埋めた上で要支援額を算定していることが求められる。過剰支援となってはいないかの判定が必要である。

ハ 支援者による再建管理が行われることとされているか(支援者による再建管理の有無)。

支援の必要性について絶えず見直しを行い、不要となったら支援を取りやめることが必要である。

ニ 支援者の範囲は相当であるか(支援者の範囲の相当性)。

支援者の範囲は、支援の規模や支援者の支援能力等を加味し、持株割合、債権額、派遣役員数又はその関係期間の長短等、支援者と子会社等(被支援者)との関係の程度や強弱から相当であると認められることが必要である。

ホ 支援割合は合理的であるか(支援割合の合理性)。

複数の支援者がある場合、それぞれの支援割合についても、出資状況、経営参加状況又は融資状況等のつながりの度合い等から合理的であると認められることが必要である。

なお、利害の対立する複数の支援者の合意により策定されたと認められる再建計画は、基本的には上記のような事項は全て充足しているものと考えられるところから、原則として合理的なものと取り扱われる(法基通9-4-2(注))。

このCaseの場合、X社が倒産寸前であるとのことであるし、このCaseの①から③までのことからすれば、再建支援がやむを得ず行われるものと認められる。

したがって、その再建計画において、支援額が的確に算定されているかX社自身の自助努力が考慮されているか、再建管理が的確に行われる(例えば、計画よりも再建が順調に進んだ場合等に支援を打ち切る等の措置を講ずる)こととしているかといった点から検討して、再建計画(支援内容)に合理性があると認められれば、これにより供与する経済的利益は、債権放棄(求償権放棄を含む)によるものであれ、低利・無利息融資によ

るものであれ、経費助成によるものであれ、寄附金に該当しないものとして取り扱われる。

Case Ⅲ-2-7　子会社を再建する場合の債権放棄等とグループ法人税制

　B社は、100％子会社であるY社の再建のため、合理的な再建計画に基づいて債権放棄等の支援を行うこととしている。

　平成22年度の税制改正により、完全支配関係にある法人間では、経済的利益の供与による寄附金の額と、その対応関係にある受贈益の額について、それぞれ寄附金は全額損金不算入とされ、受贈益は益金不算入とされることとなったと聞いたが、法人税基本通達9-4-2《子会社等を再建する場合の無利息貸付け等》の取扱いを受ける場合にはどうなるのか。

Explanation

　平成22年度税制改正により、法人による完全支配関係がある法人間で寄附が行われた場合には、その寄附金の額（受贈者において受贈益の益金不算入に係る部分に限る。）はその全額が損金不算入とされ（法法37②）、その受贈益については益金不算入とされた（法法25の2①）。この改正は、平成22年10月1以後に支出する寄附金の額又は受ける受贈益について適用される（平22改正法附則16、18）。

　しかしながら、この改正後においても、法人税基本通達9-4-1又は9-4-2の取扱いにより、債権放棄等による経済的利益の供与額は寄附金の額に該当しないものとされていることから、これらの取扱いの適用がある限り、経済的利益を供与した側においては損金の額に算入され、その供与を受けた側においては益金の額に算入されることとなる。

　ただし、その経済的利益を、資産の高価買取りや低額譲渡により行う場合には、完全支配関係（法法2十二の七の六）にある法人間の譲渡損益調整資産に係る譲渡損益が、法人税法上、繰り延べられることとされている（法法61の13①）ので、注意が必要である。

Ⅲ 債権放棄と寄附金

Case Ⅲ-2-8　子会社等の再建支援のために不良債権を帳簿価額で買い取る場合

　C社の子会社であるZ社（C社以外に少数の個人株主（第三者）がいる。）は、多額の不良債権を抱え、実質的な債務超過に陥っており、これをこのまま放置すれば倒産等の事態に至ることが確実であるという状況にある。

　C社としては、Z社の処理について、解散等を含めて検討したが、結局、同社の規模を縮小した上で継続させるという方針が決定した。

　Z社の再建に当たっては、不良債権の計画的な処理を含めた合理的な再建計画を策定し、C社が利益供与を行うことを考えているが、その方法として、新規の無利息貸付け、資金贈与、経費補助のほか、同社が所有している不良債権の一部を帳簿価額で買い取ることを検討している。

　この場合、社内には「不良債権の簿価買取りは税務上認められない」との意見もあるが、利益供与の方法に何か制限があるか。

Explanation

　法人税基本通達9-4-2《子会社等を再建する場合の無利息貸付け等》で定められている「無利息貸付け等」の「等」には、資金贈与、経費助成のほか、高価買取りや低額譲渡による経済的利益の供与の方法も含まれると考えて差し支えない。

　ただし、利益供与の方法として高価買取りや低額譲渡の手段を採る場合には、次の点に注意する必要がある。

① 　税務上、資産の譲渡価額・取得価額は時価によることが前提であるから、例えばこのCaseのように子会社の不良債権を帳簿価額で買い取ったとしても、その取得価額はあくまで時価とし、買取価額と時価との差額を寄附金以外の損金として処理する必要がある。

②　子会社等の再建支援について法人税基本通達9-4-2《子会社等を再建する場合の無利息貸付け等》の適用があるというためには合理的な再建計画に基づくことが必要であり、そのためには、まず支援額を的確に算定することが必要とされる（法基通9-4-2（注））から、資産の高価買取り・低額譲渡の場合には、時価を明らかにし、これと買取価額・譲渡価額との差額を支援額として捉える必要がある。

したがって、子会社の有する不良債権を単に帳簿価額で買い取るというだけでは、支援額が的確に算定されていることにはならず、合理的な再建計画とはいえないこととなるおそれがある。

なお、Ｚ社が100％子会社であり、グループ法人税制の適用がある場合には、不良債権の譲渡取引について、Ｚ社においては譲渡損相当額の譲渡損益調整勘定繰入益を計上して譲渡損を繰り延べることとされている（法法61の13①、法令122の14①）結果、支援益のみが計上されることとなるので、注意が必要である。

3　災害の場合の取引先に対する売掛債権の免除等

Case Ⅲ-3-1　風水害による被害を受けた取引先に対する売掛金の一部免除

　A社は、衣料品の輸入販売を行う法人であるが、この度、台風〇〇号による付近の河川氾濫により、得意先であるX社が、店舗建物の一部損壊のみならず、店舗内・倉庫内の商品が流出・水没する等の被害を受けた。

　そこで、A社としては、X社の復旧支援のため、X社に対する被災時の売掛金の全額を免除することとしたが、口頭による通知で差し支えないか。

　また、X社が仮店舗で営業している期間については、通常の8割の卸値で商品を販売することを検討しているが、交際費等又は寄附金とされることはないか。

Explanation

　法人が、災害を受けた得意先等の取引先に対してその復旧を支援することを目的として災害発生後相当の期間内に売掛金、未収請負金、貸付金その他これらに準ずる債権の全部又は一部を免除した場合には、その免除したことによる損失の額は、寄附金や交際費等以外の費用として取り扱われる（法基通9-4-6の2、措通61の4(1)-10の2）。

　この「相当の期間」とは、災害を受けた得意先等が通常の営業活動を再開するための復旧過程にある期間をいう。

　なお、この場合の復旧支援は、それを行うかどうかについて個々の企業の判断によらざるを得ないものであるところから、被災したすべての得意先に復旧支援を行うことが要件となっているものではない。

売掛金等の免除については、どのような方法によるものでも差し支えないが、口頭による通知だと、具体的に免除を行ったことの確認がしにくいという実務上の問題があることから、書面によることが望ましいと思われる。

また、仮店舗営業期間中の販売価格の割引についても、慰安・贈答のためというよりは、従前の取引の維持・回復を目的としているものであり、むしろ被災した得意先等の救済を通じて自らが被る損失を回避するための費用といえ、その実質において一種の売上割戻し等ないし販売奨励金に該当すると考えられる（措通61の4(1)-3、61の4(1)-4参照）。

したがって、その販売価格の割引について交際費等又は寄附金とされることはない。

4 不良債権の譲渡

Case Ⅲ-4-1　兄弟がそれぞれ代表者である会社間の不良債権

　A社は、X社に対して、約10,000万円の貸付金債権を有している。A社とX社は業種も異なり、その間に営業上の取引はないが、X社の代表者乙はA社の代表者甲の弟であり、貸付金についても、兄弟間で融通していたというのが実態で、無担保で、具体的な返済計画のないまま行われたものが累積したものである。

　A社は、その取引金融機関から、X社は債務超過に陥っており、これに対する貸付金が不良債権となっているとの指摘を受け、その早期処理を求められた。

　乙個人がこの貸付債権の買取りを申し出たため、この債権譲渡を適正かつ円滑に行うため、金融機関のあっせんで、第三者であるB社に対してX社に対する貸付債権を2,000万円で譲渡し、8,000万円の譲渡損失を計上した。

　なお、B社は資産運用会社であり、A社の依頼により、報酬を受け取って、債権譲渡取引の仲介を行ったものであり、X社に対する貸付金の鑑定・調査を行っている。そして、B社はX社に対する貸付金を直ちにX社の代表者乙に同額で再譲渡している。

　乙の買取資金は、乙が個人名義の不動産を担保とする銀行借入によるなど、乙の自己資金のみが充てられている。

Explanation

　本件取引におけるB社は、B社の購入価額と売却価額が同額であるところから、実質的にはA社と乙の直接取引の間に単に形式的に介在した

に過ぎず、実態は8,000万円の債権放棄をしたものとも考えられる（課税庁はそのように認定して寄附金課税を行った事例がある。）。

　しかしながら、この譲渡は、金融機関からの不良債権処理を求められたＡ社が、本件債権の処分を目的として乙からの買取りの申出に応じて、仲介者Ｂ社を通して乙に再譲渡することを前提として行われたものであり、債権売却損が発生したかのように仮装したものではない。

　また、Ｂ社が本件債権につき鑑定・調査を行って、これを2,000万円と評価したことに恣意性があるとはいえず、Ｂ社の本件取引における介在は、同取引に係る譲渡代金の決済の履行等を保全する目的をもって取決めに従って行われた一般的な仲介と認められる。さらに、Ｂ社から乙への再譲渡の際に乙の自己資金のみが充てられていることからみても、Ａ社からＸ社に対する債権放棄が行われたものとは認められない（Ｘ社が負っている債務は、依然として約10,000万円のままである。）。

　この取引における譲渡損は、正常な取引により生じた譲渡損として損金の額に算入される（平17.2.14裁決参照）。

Ⅲ 債権放棄と寄附金

Case Ⅲ-4-2 不良債権が第三者に譲渡された場合の債務者における債務消滅益

　C社は、Y社に対して、約12,000万円の貸付金債権を有している。その弁済が延滞していたため、裁判所の調停に基づく合意により、一部弁済後の債権10,000万円について、C社はC社の顧問弁護士丙が実質的に経営するD社に300万円で譲渡する旨の契約を締結するとともに、Y社には債権譲渡の通知を行った。その後、Y社はD社に対して、本件債権の弁済として毎月20万円を支払っていた。

　他にY社は、本件調停の成立日に丙に対して500万円を支払っており、同日付で仮払金として処理し、後日本件債権の弁済に充当する経理処理をしていた。

Explanation

　課税庁は、次の点から、本件調停成立日に丙に対して支払った500万円を対価としてY社がC社から本件債権を譲り受けたものであり、債権と債務が同一人（Y社）に帰属したことにより債権金額から500万円を控除した金額の債務消滅益が生じているとして課税処分を行った。

① 本件調停による合意により譲渡先とされたD社とY社との間で取り交わされた覚書には、D社が本件債権を再譲渡するに当たっては、Y社が譲渡先を決定できることとされており、D社が独自の判断で本件債権を処分できないことからすると、本件債権の処分権は、Y社に帰属していると認められること。

② 丙が、D社は本件債権を預かっているだけである旨を申述し、500万円の受取の際、丙の名刺の裏に「債権譲渡代金分として」と記載してY社に渡していることから、本件債権の譲受代金を負担したのはY社であると認められること。

これに対して審判所は、次のような認定を行った上で、本件債権はD社がC社から譲り受けたものであり、Y社に債務消滅益が生じていたものとは認められないとして、原処分を取り消した。

(イ)　本件覚書には、Y社が本件債権の再譲渡をD社に申し出た場合、D社はこれを承諾するものとする旨が記載されているものの、その場合の詳細な条件については、双方が別途協議して決定する旨が併せて記載されており、これをもってY社に本件債権を処分する権利があると認めることはできない。

(ロ)　丙は、D社が本件債権を長期的に持つ意思がないことから、本件債権を預かったようなものである旨を申述したに過ぎず、この申述をもって本件債権がY社に帰属していると認めることはできない。

(ハ)　Y社が上記②の名刺を受け取ったことは認められるものの、以下の点等からすれば、丙がいかなる趣旨でこの記載をしたかは明らかではないというほかなく、直ちにY社への本件債権を譲渡する対価として受領した趣旨の記載であるとまでは認めることができない。

　a　丙がC社の代理人であり、本件調停が成立するまでに5回以上にわたってY社との交渉を行い、本件調停においては、既に本件債権をY社の指定する第三者に譲渡する合意案もできていたこと。

　b　丙がY社から500万円の受取書の交付を求められ、とりあえずその名刺の裏に記載した文言であること。

　c　その500万円が丙の指示で支払われたものであり、Y社がその支払の趣旨が不明であるとしていったん仮払金として処理し、その後、正式な領収書の発行を求めた上で本件債務の弁済金であると経理処理したこと。

（平元.3.11裁決）

Ⅲ 債権放棄と寄附金

Case Ⅲ-4-3 グループ法人税制における不良債権の譲渡

E社は、Z社に対する金銭債権5,000万円（帳簿価額5,000万円）が不良債権になったことから、グループ内の金融を行っているF社に対して2,000万円（時価）で譲渡した。

Z社は第三者であり、E社とF社は、ともに親会社であるG社の100％子会社である。

その後、F社は、Z社から2,600万円を回収し、残額2,400万円については法人税基本通達9－6－1(4)の取扱いに該当するとして債権放棄した。

Explanation

完全支配関係（法法2十二の七の六）にある法人間の取引においては、いわゆるグループ法人税制の適用があり、譲渡損益調整資産（固定資産、棚卸資産たる土地等、有価証券、金銭債権及び繰延資産をいい、売買目的有価証券、譲受法人において売買目的有価証券とされる有価証券及び譲渡直前の帳簿価額が1,000万円未満の資産（売買目的有価証券を除く。）を除く。）を譲渡した場合には、その譲渡損益は、調整勘定繰入損又は調整勘定繰入益として繰り延べられることとされている（法法61の13①、法令122の14①）。

したがって、E社においては、Z社宛債権の譲渡損3,000万円と同額の調整勘定繰入益を申告調整により加算しなければならない。F社においては債権の取得価額2,000万円を帳簿価額とすることとなる。

〈譲渡時〉

E社

(借方) 現　預　金　2,000万円　　(貸方) Z社宛債権　　5,000万円
　　　 譲　渡　損　3,000万円
　　申告調整：加算・留保
　　　 調 整 勘 定　3,000万円　　　　　 調整勘定繰入益　3,000万円

F社
(借方) Z社宛債権 2,000万円　(貸方) 現　預　金　2,000万円
又は（※）
(借方) Z社宛債権 5,000万円　(貸方) 現　預　金　2,000万円
　　　　　　　　　　　　　　　　　金銭債権額調整 3,000万円

　F社においてZ社から2,600万円を回収した時点では、F社におけるZ社宛債権の取得価額2,000万円を上回っているので、上回った600万円は債権回収益として益金の額に算入される。また、回収された金額はZ社宛債権の一部であるため、E社においては、繰り延べられた譲渡損（調整勘定繰入益）の戻入事由（法法61の13②、法令122の14④）には該当しない（法基通12の4－3－1(1)）。

〈回収時〉
F社
(借方) 現　預　金　2,600万円　(貸方) Z社宛債権 2,000万円
　　　　　　　　　　　　　　　　　債権回収益　 600万円
又は（※）
(借方) 現　預　金　2,600万円　(貸方) Z社宛債権 2,600万円
　　　　金銭債権額調整　600万円　　　債権回収益　 600万円

　F社において、「債務者の債務超過の状態が相当期間継続し、その金銭債権の弁済を受けることができない」として残債権2,400万円を放棄した時点では、F社におけるZ社宛債権の帳簿価額は既にゼロとなっているので、その債権放棄による損失は生じないこととなる。この場合、Z社宛債権の全額が消滅することとなるので、E社において調整勘定の戻入額を計上し、繰り延べられていた譲渡損を損金算入することとなる。

Ⅲ　債権放棄と寄附金

〈債権放棄時〉

　E社

　　申告調整：減算・留保

　　　　　調整勘定戻入損　3,000万円　　　　調整勘定　　3,000万円

　F社

　処理なし

　又は（※）

　（借方）　金銭債権額調整　2,400万円　（貸方）　Z社宛債権　2,400万円

※上記F社における「又は」の処理は、Z社宛債権を額面で貸借対照表に表示する場合のものである。

5 デット・エクイティ・スワップ (DES)

Case Ⅲ-5-1 更生会社に対する金銭債権をDESにより株式と交換した場合

A社は、更生会社であるX社に対して、10,000万円（時価：回収可能見込額2,000万円）の貸付金債権を有している。

更生計画の定めに従って、この貸付金債権をX社の募集株式の払込金額とし、X社の株式（時価2,000万円）を取得することとした。

Explanation

会社更生法におけるDES（会社更生法175、183）は、更生債権者等又は株主の権利の全部又は一部の消滅に代えて、これらの者が更生会社又は新会社の株式発行の際に払込金額の全部又は一部の払込みをしたとみなすという、代物弁済的な性格を有するものである。

このCaseの場合、A社は更生債権の代物弁済としてX社の新株を取得したと考えられるから、その取得したX社の新株の取得価額は2,000万円となる（法基通14-3-6）。そして、更生計画によりその余の金銭債権について切り捨てられた金額8,000万円については貸倒損失を計上することとなる（法基通9-6-1(1)）。

〈A社の処理〉

（借方）　有価証券　2,000万円　　（貸方）　金銭債権　10,000万円
　　　　　貸倒損失　8,000万円

一方、株式を発行した場合に増加する資本金等の額は、払い込まれた金銭の額及び給付を受けた金銭以外の資産の価額その他の対価の額に相当する金額とされている（法法２十六、法令８①本文・一）から、債務者であるX社において増加した資本金等の額は2,000万円ということとなり、

Ⅲ 債権放棄と寄附金

金銭債務10,000万円との差額8,000万円について債務免除益が生ずる。

〈X社の処理〉

（借方）　金　銭　債　務　10,000万円　（貸方）　資本金等の額　2,000万円
　　　　　　　　　　　　　　　　　　　　　　　　債 務 免 除 益　8,000万円

　なお、この債務免除益が生じた場合、X社の設立当初からの欠損金のうち、その債務免除益に相当する金額までの損金算入が認められる（法法59①、CaseⅣ-3-1参照）。

第2部　ケーススタディ

Case Ⅲ-5-2　民事再生手続における再生計画に基づいて金銭債権をDESにより株式と交換した場合

B社の取引先であるY社は民事再生法の規定による再生計画の認可の決定を受けた。

その再生計画の一環として、B社がY社に対して運転資金として貸し付けていた金銭債権をY社に対して現物出資し、Y社株式を取得することとなった。

金銭債権の額は800万円であるが、その時点で回収できると見込まれる金額は50万円にすぎず、これを現物出資して取得するY社株式の時価も50万円である。

Explanation

民事再生法の場合は、会社更生法と異なり、DESに関する規定が設けられていないので、他の私的整理の場合と同様に、債権者が債権を債務会社に現物出資するという手法を採ることが一般的である。

この場合、現物出資により取得した有価証券の取得価額は現物出資資産の時価とされている（法令119①二、法基通2-3-14）ことから、このCaseの場合のY社株式の取得価額は、現物出資した金銭債権の合理的に見積もられた回収可能額である50万円ということとなる。

現物出資も譲渡の一形態であるから、B社においては譲渡損失750万円が生ずることとなるが、裁判所が認可決定を行った再生計画であるから、この譲渡損失は、合理的な再建計画に基づいて行われる再建支援損（法基通9-4-2）と同様に、損金の額に算入される。

〈B社の処理〉

（借方）　有価証券　50万円　　　（貸方）　金銭債権　800万円
　　　　　譲渡損失　750万円

一方、株式を発行した場合に増加する資本金等の額は、払い込まれた金銭の額及び給付を受けた金銭以外の資産の価額その他の対価の額に相当する金額とされている（法法2十六、法令8①本文・一）から、債務者であるY社において増加した資本金等の額は50万円ということとなり、金銭債務800万円との差額750万円について債務免除益が生ずる。

〈Y社の処理〉
　（借方）　金　銭　債　務　800万円　　（貸方）　資本金等の額　　50万円
　　　　　　　　　　　　　　　　　　　　　　　　債 務 免 除 益　750万円

　なお、この債務免除益が生じた場合、青色欠損金等と併せてY社の設立当初からの欠損金の控除が認められる（法法59②、CaseⅣ-3-2参照）。
　また、子会社等に対して金銭債権を有する法人が、民事再生手続ではないものの、合理的な再建計画に基づいてその金銭債権を現物出資した場合にも上記と同様の取扱いになるが、合理的な再建計画に基づかない場合には、寄附金課税の問題が生ずる。

第2部　ケーススタディ

Case Ⅲ-5-3　適格現物出資に該当する金銭債権の現物出資

　C社は、その100％子会社であるZ社が経営不振に陥ったことから、その再建を図るため、金融機関等他の債権者との協議を行い合理的な再建計画を策定した。

　その再建計画に従い、新たに無利息融資等を行うほか、C社がZ社に対して有している既存の金銭債権（8,000万円）を現物出資することとした。

　仮にZ社を解散・清算したとした場合に回収できると見込まれる金額は、8,000万円に対して100万円にすぎない。

Explanation

　子会社等を再建するために合理的な再建計画に基づいて供与する経済的利益は寄附金に該当せず、支援損として損金の額に算入されることとなる（法基通9-4-2）。

　しかしながら、このCaseの場合、Z社はC社の100％子会社であり、C社とZ社は、当事者間の完全支配関係（法法2十二の七の六）にあることとなるから、C社がZ社に対して行う現物出資は、適格現物出資（法法2十二の十四）に該当する可能性が高いものと思われる。

　仮に、適格現物出資に該当するとすれば、これによりZ社に対して移転した金銭債権は、C社における帳簿価額により譲渡したものとされ（法法62の4）、これにより取得したZ社株式の取得価額もその帳簿価額ということとなる（法令119①七）ので、譲渡損失が発生しないこととなってしまう。

〈C社の処理〉

　（借方）　有価証券　8,000万円　　（貸方）　金銭債権　8,000万円

一方、株式を発行したＺ社においては、適格現物出資により移転を受けた資産・負債の純資産価額（Ｃ社の適格現物出資直前の帳簿純資産価額）が増加資本金等の額とされている（法法２十六、法令８①八）から、債務者であるＺ社において増加した資本金等の額は8,000万円ということとなり、損益は生じないこととなる。

〈Ｚ社の処理〉
　（借方）　金　銭　債　務　8,000万円　（貸方）　資本金等の額　8,000万円

Ⅳ その他

1 ゴルフ会員権

Case Ⅳ-1-1 民事再生手続が行われた場合のゴルフ会員権の処理

A社が所有するXゴルフクラブの会員権について、民事再生手続により預託金2,000万円のうち900万円が切り捨てられることとなった。

A社における会員権の帳簿価額は名義変更料等を除いて2,500万円である。

Explanation

金銭債権の一部が更生計画認可の決定や再生計画認可の決定により切り捨てられた場合には、切り捨てられた金額は、その事実が生じた事業年度において貸倒損失として損金の額に算入される（法基通9-6-1(1)）。

預託金制ゴルフ会員権の法的性格は、会員のゴルフ場経営会社に対する契約上の地位であり、施設利用権、預託金返還請求権、年会費納入義務等を内容とする債権的法律関係であるとされている（昭61.9.11最高第一小判決）。したがって、預託金制のゴルフ会員権については、ゴルフ場施設を利用できる間は、施設利用権が顕在化しており、預託金返還請求権は抽象的なものにすぎないので、税務上、通常のゴルフ会員権は施設利用権を主とする契約上の地位、一種の無形固定資産（非減価償却資産）として取り扱われることとなる。

ゴルフ会員権については、会員契約の解除がなければ金銭債権（預託金返還請求権）には転換しないものの、再建型の倒産手続によって預託金の一部切捨てが行われた場合には、契約変更により、預託金返還請求権

の一部が金銭債権として顕在化した上でその一部が切り捨てられたものとみることができる。

したがって、このCaseの場合、900万円を貸倒損失として損金の額に算入することとなる。

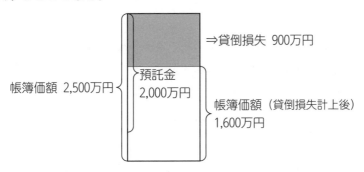

なお、帳簿価額（名義変更料等控除後）が預託金額面に満たない場合には、貸倒損失となる金額は、〔切り捨てられた金額−（預託金の額面金額−帳簿価額（名義変更料等控除後））〕となる（法基通9−7−12（注））から、例えば、帳簿価額が1,500万円である場合には、貸倒損失となる金額は、400万円（900万円−（2,000万円−1,500万円））となる。

（注）民事再生手続の申立ての段階では、プレー権は存続しており、預託金の処理方法等が確定しているわけではなく、預託金返還請求権は潜在化したままとなることから、貸倒損失又は貸倒引当金の対象とすることはできない。

第2部 ケーススタディ

Case Ⅳ-1-2　更生債権（預託金制ゴルフ会員権）の貸倒損失

　B社が会員権を所有しているYゴルフクラブが会社更生法の適用を受け、管財人から次のような「会員債権者等個別弁済計画表」の送付を受けた。

　なお、会員権の帳簿価額は330万円（うち名義変更料等30万円）であるが、預託金は450万円となっている。

　1案　退会
　　　免除額：400万円、弁済額：50万円
　2案　会員継続（再預託あり）
　　　免除額：400万円、預託金：40万円、弁済額：10万円
　3案　会員継続（再預託なし）プレー権あり
　　　免除額：425万円、弁済額：25万円

　B社としては、上記のいずれかの案を選択することとなるが、それぞれの場合の税務上の取扱いはどうなるか。

Explanation

　預託金制ゴルフ会員権については、退会の届出、預託金の一部切捨て、ゴルフ場経営会社の破産手続開始の決定等の事実に基づき預託金返還請求権の全部又は一部が顕在化した場合において、その顕在化した部分について金銭債権として貸倒損失及び貸倒引当金の対象となる（法基通9-7-12（注））。

　このCaseの場合、更生手続により預託金の一部切捨て等となるものであり、預託金返還請求権が顕在化したものといえる。

　この場合でも、顕在化した金銭債権の価額は、最大でもゴルフ会員権の取得価額330万円から名義変更料等30万円を控除した300万円となるか

230

ら、この価額が預託金の額面金額を下回っているときは、貸倒損失として計上する金額は、〔切り捨てられた金額－（預託金の額面金額－帳簿価額（名義変更料等控除後））〕となる（法基通9－7－12（注））。

1案の場合は、退会により生ずる預託金返還請求権の一部が切り捨てられるから、これを選択した場合、B社としては、次の処理を行うこととなる。

（借方）　現　預　金　50万円　　（貸方）　ゴルフ会員権　330万円
　　　　　貸　倒　損　失　250万円
　　　　　雑　　損　　失　30万円

2案の場合は、再預託については契約内容の変更とみられるから、取得当初の名義変更料等30万円は変更後のゴルフ会員権の取得価額に引き継ぐこととなるもの考える。さらに、名義変更等の手数料が生ずる場合には、ゴルフ会員権の取得価額に含める必要がある（新たな名義変更料等がない場合のゴルフ会員権の帳簿価額は、70万円（40万円＋30万円）となる。）。

（借方）　現　預　金　10万円　　（貸方）　ゴルフ会員権　330万円
　　　　　ゴルフ会員権　70万円
　　　　　貸　倒　損　失　250万円

3案の場合、貸倒損失として計上する金額は275万円〔425万円－(450万円－300万円)〕であるが、プレー権が存続する以上施設利用権があるので、名義変更料等はゴルフ会員権として無形固定資産に計上することとなる（新たな名義変更料等がない場合のゴルフ会員権の帳簿価額は、30万円となる。）。

（借方）　現　預　金　25万円　　（貸方）　ゴルフ会員権　330万円
　　　　　ゴルフ会員権　30万円
　　　　　貸　倒　損　失　275万円

第２部　ケーススタディ

Case IV-1-3　ゴルフ会員権の預託金の一部返還に伴う処理

　Ｃ社は、過去に額面1,000万円のゴルフ会員権を1,600万円（名義変更料等を除く）で取得していたが、償還期限が到来し、預託金500万円の会員権と現金200万円の交付を受けた。

　預託金500万円の償還時期はゴルフ場解散時となっており、半永久的に返還されないこととなるが、この場合、次のいずれの処理を行うべきか。

（処理案１）

　（借方）　現　預　金　　200万円　　（貸方）　ゴルフ会員権　1,600万円
　　　　　　ゴルフ会員権　500万円
　　　　　　貸 倒 損 失　　900万円

（処理案２）

　（借方）　現　預　金　　　200万円　　（貸方）　ゴルフ会員権　1,600万円
　　　　　　ゴルフ会員権　1,400万円

Explanation

　このCaseの場合、償還期限が到来し預託金500万円の会員権と現金200万円の交付を受けたことについて、①契約内容の変更とみるか、②既存の契約の解除と新たな契約の締結とみるかという２通りの考え方があり得る。

　②の考え方を採るとすれば処理案１により償還損失900万円を計上することとなるが、ゴルフ場施設利用権の内容に変更がないことからすれば、①の考え方によるべきものと思われる。

　また、500万円の預託金の償還がゴルフ場解散時となっている点については、償還期限の延長とみることができ、退会時又は解散時等に預託金の返還請求権が顕在化し、金銭債権と認識することができる。

Ⅳ　その他

　したがって、帳簿価額（名義変更料等控除後）1,600万円のうち金銭債権として顕在化したのは、現金の交付を受けた200万円のみであるから、その帳簿価額1,600万円から交付を受けた200万円を控除した金額1,400万円をゴルフ会員権の帳簿価額とする処理案2の処理が相当である。

2 相当期間未収が継続した場合等の貸付金利子等の帰属時期の特例

Case Ⅳ-2-1 利息の棚上げが行われた場合の未収利息

A社は、取引先であるX社に対して運転資金の貸付けをしていたが、X社について特定調停が成立し、貸付金についての切捨てはなかったものの、その利息については3年間棚上げすることとされた。

棚上げされた利息についてはどのように処理すべきか。

Explanation

法人の有する貸付金、預金、貯金又は有価証券から生ずる利子については、原則としてその利子の計算期間の経過に応じてその事業年度の益金の額に算入することとされ、金融及び保険業を営む法人以外の法人にあっては、継続して支払期日（1年以内の一定の期間ごとに到来するものに限る。）の属する事業年度の益金の額に算入することができる（法基通2-1-24）。

特定調停法の特定債務者について、利息の棚上げがあった場合には、その支払が免除されたわけではなく、将来に繰り延べされたにすぎないから、原則としてはその事業年度に対応する未収利息を計上しなければならないこととなる。

ただし、更生計画認可の決定、債権者集会の協議決定等によりその貸付金の額の全部又は一部について相当期間（おおむね2年以上）棚上げされることになった場合には、未収利息を益金の額に計上しないことができる取扱いとなっている（法基通2-1-25(4)）。

したがって、このCaseの場合はその棚上げが相当の期間に及ぶので、利息の未収計上をしないことができる。

Ⅳ　その他

　なお、X社においては、支払利息を免除されたわけではないので、支払利息の未払計上を行うこととなる。

第2部　ケーススタディ

Case IV-2-2　グループ法人間における貸付利息の棚上げ

　B社は数十の100％子会社を有するグループ法人の親会社であるが、子会社に対するファイナンスの役割（資金の貸付け、銀行借入の保証等）をも担っている。

　100％子会社の一つであるY社は業績が悪化し、債務超過の状態が5年ほど継続している。

　Y社の事業好転の見通しもなく、このままでは貸付金の回収が危ぶまれることから、B社としては、Y社の事業内容を大幅に見直し、これまでとは異なった業種に転換することを考えている。

　当面、貸付金利息の棚上げを考えているが、この場合、法人税基本通達2-1-25《相当期間未収が継続した場合等の貸付金利子等の帰属時期の特例》により未収利息を計上しないことができるか。

Explanation

　債務者につき債務超過の状態が相当期間継続し、事業好転の見通しがないこと、その債務者が天災事故、経済事情の急変等により多大の損失を蒙ったことその他これらに類する事由が生じたため、その貸付金の額の全部又は相当部分についてその回収が危ぶまれるに至ったという事実が生じた場合には、未収利息の計上をしなくてもよい取扱いとなっている（法基通25-1-25(3)）。

　このことからすれば、このCaseの場合も未収利息の計上をしなくても差し支えないように考えられる。

　ただ、利息の棚上げは免除とは異なり、支払を将来に繰り延べるだけのものであるから、このCaseの場合に利息の棚上げが根本的な解決にはならないと考えられ、むしろ親会社としては、利率の引下げ又は免除、

Ⅳ　その他

あるいは新規の低利融資等によりＹ社の再建を図ることが本筋ではないかと考えられる。この場合には、法人税基本通達9-4-2《子会社等を再建する場合の無利息貸付け等》の取扱いの適用場面として検討することの方が実態に即したものと考える。

3 債務免除を受けた債務者側の課税関係

Case IV-3-1 会社更生法による債務免除を受けた場合の欠損金の控除

X社は、資本金150,000千円、年1回3月決算の株式会社であるが、X1年9月20日に会社更生法の規定による更生手続開始の決定を受け、X2年2月25日に更生計画認可の決定があったため、事業年度は次のようになる。

① X1年4月1日～X1年9月20日
② X1年9月21日～X2年2月25日
③ X2年2月26日～X2年3月31日
④ 以後毎年4月1日～翌年3月31日

この更生計画に従い、上記③の事業年度において更生債権80,000千円のうち65,000千円の債務免除を受けた。この事業年度に繰り越された青色欠損金等は30,000千円であり、この事業年度における繰越欠損金額（法人税申告書別表五（一）Ⅰの「期首現在利益積立金額」の差引合計額のマイナス記入された金額）は55,000千円であるが、65,000千円の債務免除益を計上することとなり、欠損金控除前の所得金額が45,000千円となる。

Explanation

(1) 更生手続開始の決定があった場合の事業年度

更生手続開始の決定があった場合には、更生会社の事業年度はその開始の時に終了することとされ、これに続く事業年度は、更生計画認可の決定の時（その時までに更生手続が終了したときは、その終了の日）に終了するものとされる（会社更生法232②）。ただし、更生計画認可の決定までの期間が1年を超える場合には、開始の時の翌日から1年ごとに区分し

た各期間が事業年度とされる（会社更生法232②ただし書、法法13①ただし書）。また、更生計画認可の決定後の事業年度は、定款に定める事業年度終了の日において終了する（法基通14-3-1（注））。

(2) 青色欠損金等の繰越控除

青色欠損金及び災害損失金の繰越期間は10年（平20.4.1～平30.3.31に開始した事業年度に生じた欠損金については9年、平20.3.31前に開始した事業年度に生じた欠損金については7年）とされている（法法57①、58①、平23.12改正法附則14①、平27改正法附則27①、平28改正法18による平27改正法附則27①の一部改正）。

ただし、青色欠損金等の控除限度額は、控除前の所得金額の50％（平24.3.31以前に開始した事業年度については100％、平24.4.1～平27.3.31に開始した事業年度については80％、平27.4.1～平28.3.31に開始した事業年度については65％、平28.4.1～平29.3.31に開始した事業年度については60％、平29.4.1～平30.3.31に開始した事業年度については55％、平30.4.1以後に開始する事業年度については50％）相当額とされている（法法57①、58①、平23.12改正法附則10、平27改正法附則27②、平28改正法18による平27改正法附則27①の一部改正）。また、資本金の額が1億円以下であるなどの中小法人については控除限度額は100％相当額とされている（法法57⑪一、58⑥一）。

さらに、平成27年4月1日以後に開始する事業年度が控除適用年度である場合について、再建中の法人や新設法人については特例事業年度が認められており、100％相当額の控除が認められる（法法57⑪二・三、58⑥二・三）。

(3) 設立当初からの欠損金の損金算入

　法人について更生手続開始の決定があった場合において、次に掲げるいずれかの場合に該当するときは、その該当した事業年度において設立当初からの欠損金を利用できる（法法59①、法令116の4、法基通12-3-6）。

① 　更生手続開始の決定があった時において更生債権（会社更生法2⑧）を有する者からその債権につき債務免除を受けた場合（DESにより債務が消滅した場合を含む。）

② 　更生手続開始の決定があったことに伴い役員又は株主等（役員又は株主等であった者を含む。）から金銭その他の資産の贈与（私財提供）を受けた場合

③ 　更生計画認可の決定があったことにより会社更生法等の規定に従い資産の評価換えをした場合

　この場合には、次に掲げるいずれか少ない金額が損金算入限度額とされる（法法59①、法令116の3、法基通12-3-2）。

イ 　債務免除益（DESによる債務消滅益を含む。）の金額、私財提供された金銭その他の資産の価額及び評価益の益金算入額（評価損の損金算入額がある場合にはその金額を控除した金額（評価損の金額が評価益の金額よりも多い場合はゼロとなる））の合計額

ロ 　前事業年度から繰り越された繰越欠損金額（＝設立当初からの欠損金額：法人税申告書別表五（一）Ⅰの「期首現在利益積立金額」の差引合計額のマイナス記入された金額をいうが、その金額が法人税申告書別表七（一）の「控除未済欠損金額」に満たない場合には、その控除未済欠損金額をいう。）

　そして、設立当初からの欠損金額は、青色欠損金等とそれ以外のいわゆる期限切れ欠損金とに分けられることになるが、会社更生法の更生手続による場合には、まず期限切れ欠損金の部分から先に利用したものと

され、次に青色欠損金等の部分を利用したものとされる（法法57⑤、58③、法令112⑫、116の2④）。

なお、これにより利用したものとされた欠損金のうち青色欠損金等に該当するものは、翌期に繰り越すことはできない。

(4) **Caseの場合の欠損金の控除**

このCaseの場合には、まず、設立当初からの欠損金が優先され、次のうち最も少ない金額が損金算入額となる。

① 債務免除益　65,000千円

② 繰越欠損金額　55,000千円

したがって、少ない方の金額である55,000千円を損金の額に算入することとなる。

すなわち、期限切れ欠損金25,000千円（繰越欠損金額55,000千円－青色欠損金等30,000千円）を先に利用したものとされ、次に青色欠損金30,000千円を利用したものとされる。

この結果、この事業年度の所得金額（欠損金額）は、〔欠損金控除前の所得金額45,000千円－欠損金の損金算入額55,000千円＝△10,000千円〕となる。

そして、翌期に繰り越す青色欠損金等は、〔前期から繰り越された青色欠損金等30,000千円－設立当初からの欠損金の損金算入に利用された青色欠損金等の金額30,000千円＋当期に生じた欠損金額10,000千円＝10,000千円〕となる。

第2部　ケーススタディ

Case Ⅳ-3-2　民事再生法による債務免除を受けた場合の欠損金の控除

　Y社は、資本金150,000千円、年1回3月決算の株式会社であるが、当期（X1年3月期）において民事再生法の規定による再生手続開始の決定及び再生計画認可の決定があった。

　この再生計画に従い、当期において債務免除を受け65,000千円の債務免除益を計上し、欠損金控除前の所得金額が45,000千円となった。この事業年度に繰り越された青色欠損金等は30,000千円であり、この事業年度における繰越欠損金額（法人税申告書別表五（一）Ⅰの「期首現在利益積立金額」の差引合計額のマイナス記入された金額）は55,000千円であるが、当期の所得金額及び青色欠損金の翌期繰越額はどうなるか。なお、再生計画による資産の評価換えはない。

Explanation

(1) 概　略

　会社更生法による場合と異なり、再生手続開始の決定や再生計画認可の決定によるみなし事業年度の規定はない。また、会社更生法の場合は債務免除益等の額を「損金の額に算入する」こととされているから、損金算入額が欠損金控除前の所得金額よりも多い場合には、当期の所得金額がマイナスとなることもあり得る（Case Ⅳ-3-1参照）のに対し、民事再生法による再生手続開始の決定があったこと等の場合は、青色欠損金等と併せて設立当初からの欠損金を控除できるものの、欠損金控除前の所得金額を限度とすることとされている（法法59②）ので、所得金額がマイナスになることはない。さらに、欠損金控除の優先順位にも差異がある。

(2) 設立当初からの欠損金を利用できる場合

設立当初からの欠損金を利用できる一定の場合とは、次に掲げる事実が生じた場合において、それぞれ次に掲げる債権につき債務免除を受けたとき、役員又は株主等（役員又は株主等であった者を含む。）から金銭その他の資産の贈与（私財提供）を受けたとき、又は資産の評価損益の計上をしたときである（法法59②、法令117）。

① 民事再生手続開始の決定があったこと。……再生債権（民再法84）（共益債権及び一般優先債権でその再生手続開始前の原因に基づいて生じたものを含む。）

② 特別清算開始の命令があったこと。……特別清算開始前の原因に基づいて生じた債権

③ 破産手続開始の決定があったこと。……破産債権（破産法2⑤）（財団債権（破産法2⑦）でその破産手続開始前の原因に基づいて生じたものを含む。）

④ 再生計画認可の決定に準ずる事実……その事実の発生前の原因に基づいて生じた債権

⑤ ①～④に準ずる事実（更生手続開始の決定があったことを除く。）……その事実の発生前の原因に基づいて生じた債権

（注1）上記④の「再生計画認可の決定に準ずる事実」とは、再生計画認可の決定があった場合と同様に、資産の評価益の益金算入が認められる場合で、その債務処理に関する計画が次のイからハまで及びニ又はホに掲げる要件に該当するものをいう（法令24の2）。

イ 一般に公表された債務処理を行うための手続についての準則（公正かつ適正なものと認められるものであって債務者の資産評定に関する事項、その計画がその準則に従って策定されたもの等に関する事項が定められているものに限る。）に従って策定されていること。

ロ　債務者の有する資産・負債についてその準則に規定する事項に従って資産評定が行われ、これによる価額を基礎とした債務者の貸借対照表が作成されていること。

ハ　ロの貸借対照表における資産及び負債の価額、その計画における損益の見込み等に基づいて債務者に対して債務免除等をする金額が定められていること。

ニ　2以上の金融機関等が債務免除等をすることが定められていること。

ホ　政府関係金融機関、株式会社地域経済活性化支援機構又は協定銀行が有する債権等につき債務免除等をすることが定められていること。

(注2)　上記⑤の「①～④に準ずる事実」とは、次の事実をいう（法基通12-3-1）。

イ　上記①～④の事実以外において法律の定める手続による資産の整理があったこと。

ロ　主務官庁の指示に基づき再建整備のための一連の手続を織り込んだ一定の計画を作成し、これに従って行う資産の整理があったこと。

ハ　イ及びロ以外の資産の整理で、例えば、親子会社間において親会社が子会社に対して有する債権を単に免除するというようなものでなく、債務の免除等が多数の債権者によって協議の上決められる等その決定について恣意性がなく、かつ、その内容に合理性があると認められる資産の整理があったこと。

(3) 損金算入限度額

損金算入限度額の計算は、再生計画認可の決定時等において資産評定を行い、それに基づいて資産の評価損益（法法25③、33④）を計上しているか否かに応じ、次のとおりとなる（法法59②、法令117の2、法基通12-3-4）。

① 評価損益を計上していない場合……次のうち最も少ない金額（青色

Ⅳ　その他

欠損金等を優先的に控除することとなる。）

イ　債務免除額（DESによる消滅益を含む。）と私財提供された金銭その他の資産の価額の合計額

ロ　前事業年度から繰り越された繰越欠損金額（＝設立当初からの欠損金額：法人税申告書別表五（一）Ⅰの「期首現在利益積立金額」の差引合計額のマイナス記入された金額をいうが、その金額が法人税申告書別表七（一）の「控除未済欠損金額」に満たない場合には、その控除未済欠損金額をいう。）から、当期の繰越控除に利用された青色欠損金等の金額を控除した金額

ハ　この規定を適用しないで計算した当期の所得金額（法人税申告書別表四の差引計の金額から青色欠損金等の繰越控除額を控除した金額）

② 評価損益を計上している場合……次のうち最も少ない金額（設立当初からの欠損金を優先的に控除することとなる。）

イ　債務免除額（DESによる消滅益を含む。）、私財提供された金銭その他の資産の価額及び評価損益の金額（評価益の金額から評価損の金額を減算する（評価損の金額が評価益の金額よりも多い場合はマイナスとなる。）。）の合計額

ロ　前事業年度から繰り越された繰越欠損金額（＝設立当初からの欠損金額：法人税申告書別表五（一）Ⅰの「期首現在利益積立金額」の差引合計額のマイナス記入された金額をいうが、その金額が法人税申告書別表七（一）の「控除未済欠損金額」に満たない場合には、その控除未済欠損金額をいう。）

ハ　青色欠損金等の繰越控除及びこの規定を適用しないで計算した当期の所得金額（法人税申告書別表四の差引計の金額）

(4) Caseの場合の欠損金の控除

このCaseの場合、評価損益の計上がないから、まず、青色欠損金等の繰越控除が優先される。

Y社の資本金は150,000千円であるが、再生手続開始の決定があるので、再生計画認可の決定の日以後7年を経過するまでの期間内の日の属する事業年度においては青色欠損金等控除前所得の100%（原則：50%）まで繰越控除できる（法法57⑪、58⑥）。

したがって、青色欠損金等控除前所得45,000千円から、青色欠損金等30,000千円を控除することとなる。

次に、設立当初からの欠損金控除することとなり、次のうち最も少ない金額が損金算入限度額となる。

① 債務免除益　65,000千円
② 繰越欠損金額から当期の青色欠損金等の繰越控除額を控除した金額　25,000千円（＝55,000千円－30,000千円）
③ 青色欠損金等の控除後の所得金額　15,000千円（＝45,000千円－30,000千円）

この結果、Y社の当期の所得金額は、〔欠損金控除前の所得金額45,000千円－青色欠損金等の繰越控除額30,000千円－設立当初からの欠損金の損金算入額15,000千円＝0円〕となり、翌期に繰り越す青色欠損金等の金額は0円（繰越額30,000千円－繰越控除額30,000千円）となる。

（注）仮に、このCaseでY社が再生計画認可の決定の際に資産評定を行い、評価損25,000千円を計上した結果、欠損金控除前の所得金額が45,000千円であったとすると、設立当初からの欠損金の控除が優先されるから、次のうち最も少ない金額40,000千円が設立当初からの欠損金の損金算入額となる。

　イ　債務免除益と評価損の合計額　40,000千円（＝65,000千円－25,000千円）

ロ　繰越欠損金額　55,000千円

ハ　欠損金控除前の所得金額　45,000千円

　なお、損金算入額40,000千円のうち期限切れ欠損金25,000千円（＝繰越欠損金額55,000千円－青色欠損金等の繰越額30,000千円）が先に利用されたものとされ、残りの15,000千円（＝損金算入額40,000千円－期限切れ欠損金25,000千円）について青色欠損金等が利用されたものとされる。

　次に、青色欠損金等の控除をすることとなるが、やはり青色欠損金等繰越控除前の所得金額の100％まで控除できるので、次のうちいずれか少ない方の金額を損金の額に算入することとなる。

a　青色欠損金等の繰越額から設立当初からの欠損金の損金算入に利用された金額を控除した金額　15,000千円（＝30,000千円－15,000千円）

b　設立当初からの欠損金の損金算入適用後の所得金額　5,000千円（＝45,000千円－40,000千円）

　この結果、当期の所得金額は、〔欠損金控除前の所得金額45,000千円－欠損金の損金算入額40,000千円－青色欠損金等の繰越控除額5,000千円＝0円〕となり、翌期に繰り越す青色欠損金等は、〔前期から繰り越された青色欠損金等30,000千円－設立当初からの欠損金の損金算入に利用された青色欠損金等の金額15,000千円－繰越控除額5,000千円＝10,000千円〕となる。

第2部　ケーススタディ

Case IV-3-3　整理計画により切り捨てられた債務を弁済した場合

　Z社は、経営不振に陥り不渡り手形を出すに至ったことから、主要債権者であるA銀行を中心とする債権者会議で協議の上、私的整理ガイドラインに沿って決定された再建計画に基づき、X1年5月に次のような債務免除を受けた。

債務の種類	債務額	債務免除の内容
担保付債務	1,500,000千円	切捨額なし
優先債務	35,000千円	元本切捨てなし、利息のみ全額切捨て
一般債務	1,800,000千円	元本50%切捨て、利息全額切捨て
未払配当等	23,000千円	全額切捨て
計	3,358,000千円	

　その後、X社の再建は順調に進み、再建計画どおりX6年4月に債務の弁済が完了し、また、相当の利益を計上することができた。

　そこで、X社は、A銀行とも協議の上、切り捨てた一般債務900,000千円のうち100,000千円をX7年3月期において債務の切捨額に比例して債権者に弁済することとした。この場合の弁済額は、寄附金以外の単純損金としてよいか。

Explanation

　このCaseにおける弁済額は、Z社の再建が順調に行われたことに対する謝礼として支払われるものであるから交際費等に該当するという考え方、あるいは、一種の非債弁済であるから寄附金に該当するという考え方もあり得るものと考えられる。

　しかしながら、Z社の再建計画策定の時において、このように順調に利益を上げられることが明らかであれば、当然に、債務の切捨額を一般

248

債務50％相当額ではなく、今回弁済される100,000千円だけ少ない800,000千円（44％相当額）とする計画案を策定したものと考えられるから、この弁済額は、再建計画案の変更による支払であって、交際費等又は寄附金以外の単純損金に該当するものとして取り扱われる。

4 その他

Case Ⅳ-4-1 非適格分割により移転を受けた売掛金に貸倒れが発生した場合

　A社は、約1年前に会社分割（非適格分割）によりB社（資本等の関係のない第三者）から事業を承継した。

　分割にあっては、承継する資産・負債について個別に実査、リスト確認等を行い、時価評価した上で分割対価としての金銭等及び株式をB社に交付した。

　承継した事業の売掛金について、今期貸倒れが発生した。まだ事業承継後1年程度なので、引き継いだ売掛金の貸倒損失は営業権の修正又は分割時点での高価買入れとして寄附金としなければならないか。

Explanation

(1) このCaseの場合、非適格分割に当たっては移転資産及び移転負債の価額の算定は個別に適正に時価評価をしているようなので、分割時においては問題の売掛金についても貸倒れの危険性を加味して評価しているものといわざるを得ない。

　また、A社とB社は資本等の関係のない第三者であることからすれば、その分割契約により定められた分割資産・負債の評価や分割対価の額は適正な時価であると考えられる。

　とすれば、分割後約1年で貸倒れが発生したとしても、分割後の事情の変化によって発生した偶発的な損失であり、分割時には予測し得なかったものであるといえ、営業権の修正や寄附金とするなど、過去の分割に係る資産・負債の評価や分割対価の額を是正する必要はなく、貸倒損失として損金の額に算入することが認められる。

Ⅳ　その他

(2) 分割後の移転資産について貸倒れが生じた場合における貸倒損失の損金算入に関する制限としては、①法人税法第60条の3《特定株主等によって支配された欠損法人等の資産の譲渡等損失額の損金不算入》の規定、及び②法人税法第62条の7《特定資産に係る譲渡等損失額の損金不算入》の規定があるが、これらは、いずれも適格分割により移転を受けた資産に係る損失の規定であり、このCaseのような非適格組織再編成の場合には適用がない。

(3) 法人税法第62条の8《非適格合併等により移転を受ける資産等に係る調整勘定の損金算入等》において、非適格分割により発生した資産調整勘定又は負債調整勘定がある場合には、その後の事業年度においてこれらを取り崩して損金の額又は益金の額に算入することとされているが、移転を受けた金銭債権について貸倒れが発生した場合に特別の処理をすべき旨の規定はない。

第2部　ケーススタディ

Case IV-4-2　合併の際の架空計上資産の計上と損害賠償請求権

　C社とD社は、数年前に対等合併を行った。この度、合併の際に消滅会社であるD社が売掛金として計上していた債権の一部が架空計上であったことが判明した。

　そこで、存続会社であるC社としては、合併時にD社の社長であり、合併後しばらくはC社の取締役に就任していた（現在は退職）X氏に対して、不法行為に基づく損害賠償請求の訴訟を提起することを検討している。

　この場合、架空の売上げであれば売掛債権そのものが存在しないこととなるので、いったんはX氏に対する貸付金等の科目に訂正した後、訴訟の結果によってX氏から回収できなかった部分を雑損失等として処理することが認められるか。

Explanation

　被合併法人D社に架空資産が計上されていたということであれば、その責任は被合併法人D社の取締役全員にあるものと考えられる（会社法430）。

　したがって、D社にX氏以外に取締役がいたとすれば、X氏以外の取締役にも損害賠償の連帯責任があるということになる。この場合には、X氏の支払能力のみによって貸倒れの判定を行うことはできないこととなる。

　よって、X氏に対する貸付金等の科目に訂正した後、訴訟の結果によってX氏から回収できなかった部分を雑損失等として処理することは認められない。

　したがって、D社のX氏を含む取締役全員に対する損害賠償請求権に

Ⅳ　その他

訂正し、全員の支払能力を検討した上で雑損失等として処理することとなる。

参考資料

法人税法（抄）	256
法人税法施行令（抄）	261
法人税法施行規則（抄）	270
法人税基本通達（抄）	273
租税特別措置法（抄）	287
租税特別措置法施行令（抄）	287
個別通達（抄）	288
文書回答事例リスト（貸倒損失関係）	289

参考資料

法人税法（抄）（最終改正日：平成31年3月29日）

第22条 内国法人の各事業年度の所得の金額は、当該事業年度の益金の額から当該事業年度の損金の額を控除した金額とする。

2 内国法人の各事業年度の所得の金額の計算上当該事業年度の益金の額に算入すべき金額は、別段の定めがあるものを除き、資産の販売、有償又は無償による資産の譲渡又は役務の提供、無償による資産の譲受けその他の取引で資本等取引以外のものに係る当該事業年度の収益の額とする。

3 内国法人の各事業年度の所得の金額の計算上当該事業年度の損金の額に算入すべき金額は、別段の定めがあるものを除き、次に掲げる額とする。
　一　当該事業年度の収益に係る売上原価、完成工事原価その他これらに準ずる原価の額
　二　前号に掲げるもののほか、当該事業年度の販売費、一般管理費その他の費用（償却費以外の費用で当該事業年度終了の日までに債務の確定しないものを除く。）の額
　三　当該事業年度の損失の額で資本等取引以外の取引に係るもの

4 第2項に規定する当該事業年度の収益の額及び前項各号に掲げる額は、別段の定めがあるものを除き、一般に公正妥当と認められる会計処理の基準に従つて計算されるものとする。

5 第2項又は第3項に規定する資本等取引とは、法人の資本金等の額の増加又は減少を生ずる取引並びに法人が行う利益又は剰余金の分配（資産の流動化に関する法律第115条第1項（中間配当）に規定する金銭の分配を含む。）及び残余財産の分配又は引渡しをいう。

第22条の2 内国法人の資産の販売若しくは譲渡又は役務の提供（以下この条において「資産の販売等」という。）に係る収益の額は、別段の定め（前条第4項を除く。）があるものを除き、その資産の販売等に係る目的物の引渡し又は役務の提供の日の属する事業年度の所得の金額の計算上、益金の額に算入する。

2 内国法人が、資産の販売等に係る収益の額につき一般に公正妥当と認められる会計処理の基準に従つて当該資産の販売等に係る契約の効力が生ずる日その他の前項に規定する日に近接する日の属する事業年度の確定した決算において収益として経理した場合には、同項の規定にかかわらず、当該資産の販売等に係る収益の額は、別段の定め（前条第4項を除く。）があるものを除き、当該事業年度の所得の金額の計算上、益金の額に算入する。

3 内国法人が資産の販売等を行つた場合（当該資産の販売等に係る収益の額につき一般に公正妥当と認められる会計処理の基準に従つて第1項に規定する日又は前項に規定する近接する日の属する事業年度の確定した決算において収益として経理した場合を除く。）において、当該資産の販売等に係る同項に規定する近接する日の属する事業年度の確定申告書に当該資産の販売等に係る収益の額の益金算入に関する申告の記載があるときは、その額につき当該事業年度の確定した決算において収益として経理したものとみなして、同項の規定を適用する。

法人税法（抄）

4　内国法人の各事業年度の資産の販売等に係る収益の額として第1項又は第2項の規定により当該事業年度の所得の金額の計算上益金の額に算入する金額は、別段の定め（前条第4項を除く。）があるものを除き、その販売若しくは譲渡をした資産の引渡しの時における価額又はその提供をした役務につき通常得べき対価の額に相当する金額とする。

5　前項の引渡しの時における価額又は通常得べき対価の額は、同項の資産の販売等につき次に掲げる事実が生ずる可能性がある場合においても、その可能性がないものとした場合における価額とする。
　一　当該資産の販売等の対価の額に係る金銭債権の貸倒れ
　二　当該資産の販売等（資産の販売又は譲渡に限る。）に係る資産の買戻し

6　前各項及び前条第2項の場合には、無償による資産の譲渡に係る収益の額は、金銭以外の資産による利益又は剰余金の分配及び残余財産の分配又は引渡しその他これらに類する行為としての資産の譲渡に係る収益の額を含むものとする。

7　前2項に定めるもののほか、資産の販売等に係る収益の額につき修正の経理をした場合の処理その他第1項から第4項までの規定の適用に関し必要な事項は、政令で定める。

（資産の評価損の損金不算入等）

第33条　内国法人がその有する資産の評価換えをしてその帳簿価額を減額した場合には、その減額した部分の金額は、その内国法人の各事業年度の所得の金額の計算上、損金の額に算入しない。

2　内国法人の有する資産につき、災害による著しい損傷により当該資産の価額がその帳簿価額を下回ることとなつたことその他の政令で定める事実が生じた場合において、その内国法人が当該資産の評価換えをして損金経理によりその帳簿価額を減額したときは、その減額した部分の金額のうち、その評価換えの直前の当該資産の帳簿価額とその評価換えをした日の属する事業年度終了の時における当該資産の価額との差額に達するまでの金額は、前項の規定にかかわらず、その評価換えをした日の属する事業年度の所得の金額の計算上、損金の額に算入する。

3　内国法人がその有する資産につき更生計画認可の決定があつたことにより会社更生法又は金融機関等の更生手続の特例等に関する法律の規定に従つて行う評価換えをしてその帳簿価額を減額した場合には、その減額した部分の金額は、第1項の規定にかかわらず、その評価換えをした日の属する事業年度の所得の金額の計算上、損金の額に算入する。

4　内国法人について再生計画認可の決定があつたことその他これに準ずる政令で定める事実が生じた場合において、その内国法人がその有する資産の価額につき政令で定める評定を行つているときは、その資産（評価損の計上に適しないものとして政令で定めるものを除く。）の評価損の額として政令で定める金額は、第1項の規定にかかわらず、これらの事実が生じた日の属する事業年度の所得の金額の計算上、損金の額に算入する。

5　前3項の内国法人がこれらの内国法人との間に完全支配関係がある他の内国法人で

参考資料

政令で定めるものの株式又は出資を有する場合における当該株式又は出資については、これらの規定は、適用しない。

6　第1項の規定の適用があつた場合において、同項の評価換えにより減額された金額を損金の額に算入されなかつた資産については、その評価換えをした日の属する事業年度以後の各事業年度の所得の金額の計算上、当該資産の帳簿価額は、その減額がされなかつたものとみなす。

7　第4項の規定は、確定申告書に同項に規定する評価損の額として政令で定める金額の損金算入に関する明細（次項において「評価損明細」という。）の記載があり、かつ、財務省令で定める書類（次項において「評価損関係書類」という。）の添付がある場合（第25条第3項（資産の評価益の益金不算入等）に規定する資産につき同項に規定する評価益の額として政令で定める金額がある場合（次項において「評価益がある場合」という。）には、同条第5項に規定する評価益明細（次項において「評価益明細」という。）の記載及び同条第5項に規定する評価益関係書類（次項において「評価益関係書類」という。）の添付がある場合に限る。）に限り、適用する。

8　税務署長は、評価損明細（評価益がある場合には、評価損明細又は評価益明細）の記載又は評価損関係書類（評価益がある場合には、評価損関係書類又は評価益関係書類）の添付がない確定申告書の提出があつた場合においても、当該記載又は当該添付がなかつたことについてやむを得ない事情があると認めるときは、第4項の規定を適用することができる。

9　前3項に定めるもののほか、第1項から第5項までの規定の適用に関し必要な事項は、政令で定める。

第52条　次に掲げる内国法人が、その有する金銭債権のうち、更生計画認可の決定に基づいて弁済を猶予され、又は賦払により弁済されることその他の政令で定める事実が生じていることによりその一部につき貸倒れその他これに類する事由による損失が見込まれるもの（当該金銭債権に係る債務者に対する他の金銭債権がある場合には、当該他の金銭債権を含む。以下この条において「個別評価金銭債権」という。）のその損失の見込額として、各事業年度（被合併法人の適格合併に該当しない合併の日の前日の属する事業年度及び残余財産の確定（その残余財産の分配が適格現物分配に該当しないものに限る。次項において同じ。）の日の属する事業年度を除く。）において損金経理により貸倒引当金勘定に繰り入れた金額については、当該繰り入れた金額のうち、当該事業年度終了の時において当該個別評価金銭債権の取立て又は弁済の見込みがないと認められる部分の金額を基礎として政令で定めるところにより計算した金額（第5項において「個別貸倒引当金繰入限度額」という。）に達するまでの金額は、当該事業年度の所得の金額の計算上、損金の額に算入する。

　一　当該事業年度終了の時において次に掲げる法人に該当する内国法人（当該内国法人が連結子法人である場合には、当該事業年度終了の時において当該内国法人に係る連結親法人が次に掲げる法人に該当する場合における当該内国法人に限る。）

　　イ　普通法人（投資法人及び特定目的会社を除く。）のうち、資本金の額若しくは出資金の額が1億円以下であるもの（第66条第6項第2号又は第3号（各事業年度

法人税法（抄）

　　の所得に対する法人税の税率）に掲げる法人に該当するものを除く。）又は資本若しくは出資を有しないもの
　　　ロ　公益法人等又は協同組合等
　　　ハ　人格のない社団等
　二　次に掲げる内国法人
　　　イ　銀行法（昭和56年法律第59号）第２条第１項（定義等）に規定する銀行
　　　ロ　保険業法（平成７年法律第105号）第２条第２項（定義）に規定する保険会社
　　　ハ　イ又はロに掲げるものに準ずるものとして政令で定める内国法人
　三　第64条の２第１項（リース取引に係る所得の金額の計算）の規定により売買があつたものとされる同項に規定するリース資産の対価の額に係る金銭債権を有する内国法人その他の金融に関する取引に係る金銭債権を有する内国法人として政令で定める内国法人（前２号に掲げる内国法人を除く。）
２　前項各号に掲げる内国法人が、その有する売掛金、貸付金その他これらに準ずる金銭債権（個別評価金銭債権を除く。以下この条において「一括評価金銭債権」という。）の貸倒れによる損失の見込額として、各事業年度（被合併法人の適格合併に該当しない合併の日の前日の属する事業年度及び残余財産の確定の日の属する事業年度を除く。）において損金経理により貸倒引当金勘定に繰り入れた金額については、当該繰り入れた金額のうち、当該事業年度終了の時において有する一括評価金銭債権の額及び最近における売掛金、貸付金その他これらに準ずる金銭債権の貸倒れによる損失の額を基礎として政令で定めるところにより計算した金額（第６項において「一括貸倒引当金繰入限度額」という。）に達するまでの金額は、当該事業年度の所得の金額の計算上、損金の額に算入する。
３　前２項の規定は、確定申告書にこれらの規定に規定する貸倒引当金勘定に繰り入れた金額の損金算入に関する明細の記載がある場合に限り、適用する。
４　税務署長は、前項の記載がない確定申告書の提出があつた場合においても、その記載がなかつたことについてやむを得ない事情があると認めるときは、第１項及び第２項の規定を適用することができる。
５　内国法人が、適格分割、適格現物出資又は適格現物分配（適格現物分配にあつては、残余財産の全部の分配を除く。以下この条において「適格分割等」という。）により分割承継法人、被現物出資法人又は被現物分配法人に個別評価金銭債権を移転する場合（当該適格分割等の直前の時を事業年度終了の時とした場合に当該内国法人が第１項各号に掲げる法人に該当する場合に限る。）において、当該個別評価金銭債権について同項の貸倒引当金勘定に相当するもの（以下この条において「期中個別貸倒引当金勘定」という。）を設けたときは、その設けた期中個別貸倒引当金勘定の金額に相当する金額のうち、当該個別評価金銭債権につき当該適格分割等の直前の時を事業年度終了の時とした場合に同項の規定により計算される個別貸倒引当金繰入限度額に相当する金額に達するまでの金額は、当該適格分割等の日の属する事業年度の所得の金額の計算上、損金の額に算入する。
６　内国法人が、適格分割等により分割承継法人、被現物出資法人又は被現物分配法人に一括評価金銭債権を移転する場合（当該適格分割等の直前の時を事業年度終了の時

とした場合に当該内国法人が第1項各号に掲げる法人に該当する場合に限る。)において、当該一括評価金銭債権について第2項の貸倒引当金勘定に相当するもの(以下この条において「期中一括貸倒引当金勘定」という。)を設けたときは、その設けた期中一括貸倒引当金勘定の金額に相当する金額のうち、当該一括評価金銭債権につき当該適格分割等の直前の時を事業年度終了の時とした場合に同項の規定により計算される一括貸倒引当金繰入限度額に相当する金額に達するまでの金額は、当該適格分割等の日の属する事業年度の所得の金額の計算上、損金の額に算入する。

7 前2項の規定は、これらの規定に規定する内国法人が適格分割等の日以後2月以内に期中個別貸倒引当金勘定の金額又は期中一括貸倒引当金勘定の金額に相当する金額その他の財務省令で定める事項を記載した書類を納税地の所轄税務署長に提出した場合に限り、適用する。

8 内国法人が、適格合併、適格分割、適格現物出資又は適格現物分配(以下この項及び第11項において「適格組織再編成」という。)を行つた場合には、次の各号に掲げる適格組織再編成の区分に応じ、当該各号に定める貸倒引当金勘定の金額又は期中個別貸倒引当金勘定の金額若しくは期中一括貸倒引当金勘定の金額は、当該適格組織再編成に係る合併法人、分割承継法人、被現物出資法人又は被現物分配法人(第11項において「合併法人等」という。)に引き継ぐものとする。

　一　適格合併又は適格現物分配(残余財産の全部の分配に限る。)第1項又は第2項の規定により当該適格合併の日の前日又は当該残余財産の確定の日の属する事業年度の所得の金額の計算上損金の額に算入されたこれらの規定に規定する貸倒引当金勘定の金額

　二　適格分割等　第5項又は第6項の規定により当該適格分割等の日の属する事業年度の所得の金額の計算上損金の額に算入された期中個別貸倒引当金勘定の金額又は期中一括貸倒引当金勘定の金額

9 第1項、第2項、第5項及び第6項の規定の適用については、個別評価金銭債権及び一括評価金銭債権には、次に掲げる金銭債権を含まないものとする。

　一　第1項第3号に掲げる内国法人(第5項又は第6項の規定を適用する場合にあつては、適格分割等の直前の時を事業年度終了の時とした場合に同号に掲げる内国法人に該当するもの)が有する金銭債権のうち当該内国法人の区分に応じ政令で定める金銭債権以外のもの

　二　内国法人が当該内国法人との間に連結完全支配関係がある連結法人に対して有する金銭債権

10 第1項又は第2項の規定により各事業年度の所得の金額の計算上損金の額に算入されたこれらの規定に規定する貸倒引当金勘定の金額は、当該事業年度の翌事業年度の所得の金額の計算上、益金の額に算入する。

11 第8項の規定により合併法人等が引継ぎを受けた貸倒引当金勘定の金額又は期中個別貸倒引当金勘定の金額若しくは期中一括貸倒引当金勘定の金額は、当該合併法人等の適格組織再編成の日の属する事業年度の所得の金額の計算上、益金の額に算入する。

12 普通法人又は協同組合等が公益法人等に該当することとなる場合の当該普通法人又は協同組合等のその該当することとなる日の前日の属する事業年度については、第1

項及び第２項の規定は、適用しない。
13　第３項、第４項及び第７項に定めるもののほか、第１項、第２項、第５項、第６項及び第８項から前項までの規定の適用に関し必要な事項は、政令で定める。

第53条　削除

法人税法施行令（抄）（最終改正日：平成31年３月29日）

(資産の評価損の計上ができる事実)
第68条　法第33条第２項（特定の事実が生じた場合の資産の評価損の損金算入）に規定する政令で定める事実は、物損等の事実（次の各号に掲げる資産の区分に応じ当該各号に定める事実であつて、当該事実が生じたことにより当該資産の価額がその帳簿価額を下回ることとなつたものをいう。）及び法的整理の事実（更生手続における評定が行われることに準ずる特別の事実をいう。）とする。
一　棚卸資産　次に掲げる事実
　　イ　当該資産が災害により著しく損傷したこと。
　　ロ　当該資産が著しく陳腐化したこと。
　　ハ　イ又はロに準ずる特別の事実
二　有価証券　次に掲げる事実
　　イ　第119条の13第１号から第３号まで（売買目的有価証券の時価評価金額）に掲げる有価証券（第119条の２第２項第２号（有価証券の１単位当たりの帳簿価額の算出の方法）に掲げる株式又は出資に該当するものを除く。）の価額が著しく低下したこと。
　　ロ　イに規定する有価証券以外の有価証券について、その有価証券を発行する法人の資産状態が著しく悪化したため、その価額が著しく低下したこと。
　　ハ　ロに準ずる特別の事実
三　固定資産　次に掲げる事実
　　イ　当該資産が災害により著しく損傷したこと。
　　ロ　当該資産が１年以上にわたり遊休状態にあること。
　　ハ　当該資産がその本来の用途に使用することができないため他の用途に使用されたこと。
　　ニ　当該資産の所在する場所の状況が著しく変化したこと。
　　ホ　イからニまでに準ずる特別の事実
四　繰延資産（第14条第１項第６号（繰延資産の範囲）に掲げるもののうち他の者の有する固定資産を利用するために支出されたものに限る。）　次に掲げる事実
　　イ　その繰延資産となる費用の支出の対象となつた固定資産につき前号イからニまでに掲げる事実が生じたこと。
　　ロ　イに準ずる特別の事実
２　内国法人の有する資産について法第33条第２項に規定する政令で定める事実が生じ、かつ、当該内国法人が当該資産の評価換えをして損金経理によりその帳簿価額を減額

する場合において、当該内国法人が当該評価換えをする事業年度につき同条第4項の規定の適用を受けるとき（当該事実が生じた日後に当該適用に係る次条第2項各号に定める評定が行われるときに限る。）は、当該評価換えについては、法第33条第2項の規定は、適用しない。この場合において、当該資産（同条第4項に規定する資産に該当しないものに限る。）は、同条第4項に規定する資産とみなす。

（再生計画認可の決定に準ずる事実等）
第68条の2　法第33条第4項（資産の評価損の損金不算入等）に規定する政令で定める事実は、第24条の2第1項（再生計画認可の決定に準ずる事実等）に規定する事実とする。
2　法第33条第4項に規定する政令で定める評定は、次の各号に掲げる事実の区分に応じ当該各号に定める評定とする。
　一　再生計画認可の決定があつたこと　内国法人がその有する法第33条第4項に規定する資産の価額につき当該再生計画認可の決定があつた時の価額により行う評定
　二　法第33条第4項に規定する政令で定める事実　内国法人が第24条の2第1項第1号イに規定する事項に従つて行う同項第2号の資産評定
3　法第33条第4項に規定する政令で定める資産は、第24条の2第4項各号に掲げる資産とする。
4　法第33条第4項に規定する政令で定める金額は、次の各号に掲げる事実の区分に応じ当該各号に定める金額とする。
　一　再生計画認可の決定があつたこと　法第33条第4項に規定する資産の当該再生計画認可の決定があつた時の直前の帳簿価額が当該再生計画認可の決定があつた時の価額を超える場合のその超える部分の金額
　二　法第33条第4項に規定する政令で定める事実　同項に規定する資産の当該事実が生じた時の直前のその帳簿価額が第24条の2第1項第2号の貸借対照表に計上されている価額を超える場合のその超える部分の金額
5　法第33条第4項の規定の適用を受けた場合において、同項に規定する評価損の額として政令で定める金額を損金の額に算入された資産については、同項の規定の適用を受けた事業年度以後の各事業年度の所得の金額の計算上、当該資産の帳簿価額は、別段の定めがあるものを除き、当該適用に係る同項に規定する事実が生じた日において、当該損金の額に算入された金額に相当する金額の減額がされたものとする。

（資産の評価損の計上ができない株式又は出資）
第68条の3　法第33条第5項（資産の評価損の損金不算入等）に規定する政令で定めるものは、次に掲げる法人とする。
　一　清算中の内国法人
　二　解散（合併による解散を除く。）をすることが見込まれる内国法人
　三　内国法人で当該内国法人との間に完全支配関係がある他の内国法人との間で適格合併を行うことが見込まれるもの

法人税法施行令（抄）

（貸倒引当金勘定への繰入限度額）
第96条 法第52条第1項（貸倒引当金）に規定する政令で定める事実は、次の各号に掲げる事実とし、同項に規定する政令で定めるところにより計算した金額は、当該各号に掲げる事実の区分に応じ当該各号に定める金額とする。
一　法第52条第1項の内国法人が当該事業年度終了の時において有する金銭債権に係る債務者について生じた次に掲げる事由に基づいてその弁済を猶予され、又は賦払により弁済されること　当該金銭債権の額のうち当該事由が生じた日の属する事業年度終了の日の翌日から5年を経過する日までに弁済されることとなっている金額以外の金額（担保権の実行その他によりその取立て又は弁済（以下この項において「取立て等」という。）の見込みがあると認められる部分の金額を除く。）
　イ　更生計画認可の決定
　ロ　再生計画認可の決定
　ハ　特別清算に係る協定の認可の決定
　ニ　イからハまでに掲げる事由に準ずるものとして財務省令で定める事由
二　当該内国法人が当該事業年度終了の時において有する金銭債権に係る債務者につき、債務超過の状態が相当期間継続し、かつ、その営む事業に好転の見通しがないこと、災害、経済事情の急変等により多大な損害が生じたことその他の事由により、当該金銭債権の一部の金額につきその取立て等の見込みがないと認められること（当該金銭債権につき前号に掲げる事実が生じている場合を除く。）　当該一部の金額に相当する金額
三　当該内国法人が当該事業年度終了の時において有する金銭債権に係る債務者につき次に掲げる事由が生じていること（当該金銭債権につき、第1号に掲げる事実が生じている場合及び前号に掲げる事実が生じていることにより法第52条第1項の規定の適用を受けた場合を除く。）　当該金銭債権の額（当該金銭債権の額のうち、当該債務者から受け入れた金額があるため実質的に債権とみられない部分の金額及び担保権の実行、金融機関又は保証機関による保証債務の履行その他により取立て等の見込みがあると認められる部分の金額を除く。）の100分の50に相当する金額
　イ　更生手続開始の申立て
　ロ　再生手続開始の申立て
　ハ　破産手続開始の申立て
　ニ　特別清算開始の申立て
　ホ　イからニまでに掲げる事由に準ずるものとして財務省令で定める事由
四　当該内国法人が当該事業年度終了の時において有する金銭債権に係る債務者である外国の政府、中央銀行又は地方公共団体の長期にわたる債務の履行遅滞によりその金銭債権の経済的な価値が著しく減少し、かつ、その弁済を受けることが著しく困難であると認められること　当該金銭債権の額（当該金銭債権の額のうち、これらの者から受け入れた金額があるため実質的に債権とみられない部分の金額及び保証債務の履行その他により取立て等の見込みがあると認められる部分の金額を除く。）の100分の50に相当する金額
2　内国法人の有する金銭債権について前項各号に掲げる事実が生じている場合におい

参考資料

ても、当該事実が生じていることを証する書類その他の財務省令で定める書類の保存がされていないときは、当該金銭債権に係る同項の規定の適用については、当該事実は、生じていないものとみなす。
3 　税務署長は、前項の書類の保存がない場合においても、その書類の保存がなかつたことについてやむを得ない事情があると認めるときは、その書類の保存がなかつた金銭債権に係る金額につき同項の規定を適用しないことができる。
4 　法第52条第１項第２号ハに規定する政令で定める内国法人は、次に掲げる内国法人とする。
　一　無尽業法（昭和６年法律第42号）第２条第１項（免許）の免許を受けて無尽業を行う無尽会社
　二　金融商品取引法第２条第30項（定義）に規定する証券金融会社
　三　株式会社日本貿易保険
　四　長期信用銀行法（昭和27年法律第187号）第２条（定義）に規定する長期信用銀行
　五　長期信用銀行法第16条の４第１項（長期信用銀行持株会社の子会社の範囲等）に規定する長期信用銀行持株会社
　六　銀行法第２条第13項（定義等）に規定する銀行持株会社
　七　貸金業法施行令（昭和58年政令第181号）第１条の２第３号又は第５号（貸金業の範囲からの除外）に掲げるもの
　八　保険業法第２条第16項（定義）に規定する保険持株会社
　九　保険業法第２条第18項に規定する少額短期保険業者
　十　保険業法第272条の37第２項（少額短期保険持株会社に係る承認等）に規定する少額短期保険持株会社
　十一　債権管理回収業に関する特別措置法（平成10年法律第126号）第２条第３項（定義）に規定する債権回収会社
　十二　株式会社商工組合中央金庫
　十三　株式会社日本政策投資銀行
　十四　株式会社地域経済活性化支援機構
　十五　株式会社東日本大震災事業者再生支援機構
　十六　前各号に掲げる内国法人に準ずる法人として財務省令で定める内国法人
5 　法第52条第１項第３号に規定する政令で定める内国法人は、次に掲げる内国法人とする。
　一　法第64条の２第１項（リース取引に係る所得の金額の計算）の規定により同項に規定するリース資産の売買があつたものとされる場合の当該リース資産の対価の額に係る金銭債権を有する内国法人
　二　金融商品取引法第２条第９項に規定する金融商品取引業者（同法第28条第１項（通則）に規定する第一種金融商品取引業を行うものに限る。）に該当する内国法人
　三　質屋営業法（昭和25年法律第158号）第１条第２項（定義）に規定する質屋である内国法人
　四　割賦販売法（昭和36年法律第159号）第31条（包括信用購入あつせん業者の登録）に規定する登録包括信用購入あつせん業者に該当する内国法人

五　割賦販売法第35条の3の23（個別信用購入あつせん業者の登録）に規定する登録個別信用購入あつせん業者に該当する内国法人
六　次に掲げる内国法人
　イ　銀行法第2条第1項に規定する銀行の同条第8項に規定する子会社である同法第16条の2第1項第11号（銀行の子会社の範囲等）に掲げる会社のうち同法第10条第2項第5号（業務の範囲）に掲げる業務を営む内国法人
　ロ　保険業法第2条第2項に規定する保険会社の同条第12項に規定する子会社である同法第106条第1項第12号（保険会社の子会社の範囲等）に掲げる会社のうち同法第98条第1項第4号（業務の範囲等）に掲げる業務を営む内国法人
　ハ　イ又はロに規定する会社に準ずるものとして財務省令で定める会社のうちイ又はロに規定する業務に準ずる業務として財務省令で定める業務を営む内国法人
七　貸金業法（昭和58年法律第32号）第2条第2項（定義）に規定する貸金業者に該当する内国法人
八　信用保証業を行う内国法人

6　法第52条第2項に規定する政令で定めるところにより計算した金額は、同項の内国法人の当該事業年度終了の時において有する一括評価金銭債権（同項に規定する一括評価金銭債権をいう。以下この項において同じ。）の帳簿価額の合計額に貸倒実績率（第1号に掲げる金額のうちに第2号に掲げる金額の占める割合（当該割合に小数点以下4位未満の端数があるときは、これを切り上げる。）をいう。）を乗じて計算した金額とする。
一　当該内国法人の前3年内事業年度（当該事業年度開始の日前3年以内に開始した各事業年度又は各連結事業年度をいい、当該内国法人が適格合併に係る合併法人である場合には当該内国法人の当該事業年度開始の日前3年以内に開始した当該適格合併に係る被合併法人の各事業年度又は各連結事業年度を含むものとし、当該事業年度が次に掲げる当該内国法人の区分に応じそれぞれ次に定める日の属する事業年度である場合には当該事業年度とし、ロ又はハに定める日の属する事業年度前の各事業年度を除く。以下この項及び第8項において同じ。）終了の時における一括評価金銭債権の帳簿価額の合計額を当該前3年内事業年度における事業年度及び連結事業年度の数で除して計算した金額
　イ　新たに設立された内国法人（適格合併（被合併法人の全てが収益事業を行つていない公益法人等であるものを除く。）により設立されたもの並びに公益法人等及び人格のない社団等を除く。）　設立の日
　ロ　内国法人である公益法人等及び人格のない社団等　新たに収益事業を開始した日
　ハ　公益法人等（収益事業を行つていないものに限る。）に該当していた普通法人又は協同組合等　当該普通法人又は協同組合等に該当することとなつた日
二　当該内国法人のイからハまでに掲げる金額の合計額からニに掲げる金額を控除した残額に12を乗じてこれを前3年内事業年度における事業年度及び連結事業年度の月数の合計数で除して計算した金額
　イ　前3年内事業年度において売掛金、貸付金その他これらに準ずる金銭債権（法

参考資料

第52条第9項各号に掲げるものを除く。以下この号において「売掛債権等」という。）の貸倒れにより生じた損失の額の合計額

ロ　法第52条第1項又は第5項の規定により前3年内事業年度に含まれる各事業年度の所得の金額の計算上損金の額に算入された金額（売掛債権等に係る金額に限る。）の合計額

ハ　法第81条の3第1項（法第52条第1項又は第5項の規定により法第81条の3第1項に規定する個別損金額（以下この号において「個別損金額」という。）を計算する場合に限る。）（個別益金額又は個別損金額の益金又は損金算入）の規定により前3年内事業年度に含まれる各連結事業年度の連結所得の金額の計算上損金の額に算入された金額（売掛債権等に係る金額に限る。）の合計額

ニ　法第52条第10項若しくは第11項の規定により前3年内事業年度に含まれる各事業年度の所得の金額の計算上益金の額に算入された金額又は法第81条の3第1項（法第52条第10項又は第11項の規定により法第81条の3第1項に規定する個別益金額を計算する場合に限る。）の規定により前3年内事業年度に含まれる各連結事業年度の連結所得の金額の計算上益金の額に算入された金額のうち、次に掲げる金額に係るもの（当該各事業年度若しくは各連結事業年度においてイに規定する損失の額が生じた売掛債権等に係る金額又は当該各事業年度若しくは各連結事業年度において売掛債権等につき法第52条第1項若しくは第5項の規定（個別損金額を計算する場合のこれらの規定を含む。）の適用を受ける場合の当該売掛債権等に係る金額に限る。）の合計額

(1) 法第52条第1項の規定により当該各事業年度若しくは各連結事業年度開始の日の前日の属する事業年度の所得の金額の計算上損金の額に算入された金額又は法第81条の3第1項（法第52条第1項の規定により個別損金額を計算する場合に限る。）の規定により当該前日の属する連結事業年度の連結所得の金額の計算上損金の額に算入された金額

(2) 法第52条第1項の規定により適格合併若しくは適格現物分配（残余財産の全部の分配に限る。）に係る被合併法人若しくは現物分配法人（(2)において「被合併法人等」という。）の当該適格合併の日の前日若しくは当該残余財産の確定の日（(2)において「合併前日等」という。）の属する事業年度の所得の金額の計算上損金の額に算入された金額又は法第81条の3第1項（法第52条第1項の規定により個別損金額を計算する場合に限る。）の規定により被合併法人等の合併前日等の属する連結事業年度の連結所得の金額の計算上損金の額に算入された金額

(3) 法第52条第5項の規定により同項に規定する適格分割等（(3)において「適格分割等」という。）に係る分割法人、現物出資法人若しくは現物分配法人（(3)において「分割法人等」という。）の当該適格分割等の日の属する事業年度の所得の金額の計算上損金の額に算入された金額又は法第81条の3第1項（法第52条第5項の規定により個別損金額を計算する場合に限る。）の規定により分割法人等の適格分割等の日の属する連結事業年度の連結所得の金額の計算上損金の額に算入された金額

7　前項の月数は、暦に従つて計算し、1月に満たない端数を生じたときは、これを1月とする。
8　次の各号に掲げる場合における第6項（第1号に掲げる場合にあつては同項第2号ロ及びハに係る部分に、第2号から第4号までに掲げる場合にあつては同項第2号ニに係る部分に、それぞれ限る。）の規定の適用については、第1号若しくは第2号に規定する内国法人、第3号に規定する被合併法人等又は第4号に規定する分割法人等が当該各号に規定する時において法第52条第1項第1号イからハまで又は第2号イからハまでに掲げる法人（以下この項において「貸倒引当金対象法人」という。）に該当するものとして当該各号に定める事業年度又は連結事業年度において同条又は法第81条の3第1項（法第52条の規定により同項に規定する個別損金額又は個別益金額を計算する場合に限る。以下この項において同じ。）の規定を適用した場合に法第52条の規定により各事業年度の所得の金額の計算上損金の額若しくは益金の額に算入されることとなる金額又は法第81条の3第1項の規定により各連結事業年度の連結所得の金額の計算上損金の額若しくは益金の額に算入されることとなる金額は、それぞれ法第52条の規定により当該各事業年度の所得の金額の計算上損金の額若しくは益金の額に算入された金額又は同項の規定により当該各連結事業年度の連結所得の金額の計算上損金の額若しくは益金の額に算入された金額とみなす。
一　第6項の内国法人（当該内国法人が適格合併に係る合併法人である場合には、当該適格合併に係る被合併法人を含む。次号において同じ。）が前3年内事業年度に含まれる各事業年度又は各連結事業年度終了の時において貸倒引当金対象法人に該当しない場合　当該各事業年度又は各連結事業年度
二　第6項の内国法人が同項第2号ニ(1)に規定する開始の日の前日の属する事業年度又は連結事業年度終了の時において貸倒引当金対象法人に該当しない場合　当該前日の属する事業年度又は連結事業年度
三　第6項第2号ニ(2)に規定する被合併法人等が同号ニ(2)に規定する合併前日等の属する事業年度又は連結事業年度終了の時において貸倒引当金対象法人に該当しない場合　当該合併前日等の属する事業年度又は連結事業年度
四　第6項第2号ニ(3)に規定する分割法人等が同号ニ(3)に規定する適格分割等の直前の時において貸倒引当金対象法人に該当しない場合　当該適格分割等の日の属する事業年度又は連結事業年度
9　法第52条第9項第1号に規定する政令で定める金銭債権は、同号に規定する内国法人の次の各号に掲げる区分に応じ当該各号に定める金銭債権（当該各号のうち2以上の号に掲げる区分に該当する場合には、当該2以上の号に定める金銭債権の全て）とする。
一　第5項第1号に掲げる内国法人　同号に規定する金銭債権
二　第5項第2号に掲げる内国法人　当該内国法人が行う金融商品取引法第35条第1項第2号（第一種金融商品取引業又は投資運用業を行う者の業務の範囲）に掲げる行為に係る金銭債権
三　第5項第3号に掲げる内国法人　質屋営業法第14条（帳簿）の帳簿に記載された質契約に係る金銭債権

参考資料

四 第5項第4号又は第5号に掲げる内国法人 割賦販売法第35条の3の56（基礎特定信用情報の提供）の規定により同法第35条の3の43第1項第6号（業務規程の認可）に規定する基礎特定信用情報として同法第30条の2第3項（包括支払可能見込額の調査）に規定する指定信用情報機関に提供された同法第35条の3の56第1項第3号に規定する債務に係る金銭債権

五 第5項第6号に掲げる内国法人 商業、工業、サービス業その他の事業を行う者から買い取つた金銭債権（次号ロにおいて「買取債権」という。）で当該内国法人の同項第6号イからハまでに掲げる区分に応じそれぞれ同号イからハまでに規定する業務として買い取つたもの

六 第5項第7号に掲げる内国法人 次に掲げる金銭債権
 イ 貸金業法第19条（帳簿の備付け）（同法第24条第2項（債権譲渡等の規制）において準用する場合を含む。）の帳簿に記載された同法第2条第3項に規定する貸付けの契約に係る金銭債権
 ロ 買取債権

七 第5項第8号に掲げる内国法人 当該内国法人の行う信用保証業に係る保証債務を履行したことにより取得した金銭債権

（貸倒実績率の特別な計算方法）
第97条 内国法人を分割法人若しくは分割承継法人又は現物出資法人若しくは被現物出資法人とする適格分割又は適格現物出資（以下この条において「適格分割等」という。）が行われた場合において、当該内国法人が当該適格分割等の日の属する事業年度及び当該事業年度の翌事業年度開始の日以後2年以内に終了する各事業年度（以下この条において「調整事業年度」という。）における前条第6項に規定する貸倒実績率（以下この条において「貸倒実績率」という。）を当該適格分割等により移転する事業に係る貸倒れの実績を考慮して合理的な方法により計算することについて納税地の所轄税務署長の承認を受けたときは、当該内国法人のその承認を受けた日の属する事業年度以後の当該調整事業年度における貸倒実績率は、その承認を受けた方法により計算した割合とする。

2 前項の承認を受けようとする内国法人は、同項の適格分割等の日以後2月以内に、その採用しようとする方法の内容、その方法を採用しようとする理由その他の財務省令で定める事項を記載した申請書を納税地の所轄税務署長に提出しなければならない。

3 税務署長は、前項の申請書の提出があつた場合には、これを審査し、その申請に係る方法を承認し、又はその申請に係る方法により計算される割合をもつて法第52条第2項（貸倒引当金）に規定する一括貸倒引当金繰入限度額（次項において「一括貸倒引当金繰入限度額」という。）の計算を行うことによつてはその内国法人の各事業年度の所得の金額の計算が適正に行われ難いと認めるときは、その申請を却下する。

4 税務署長は、第1項の承認をした後、その承認に係る方法により計算される割合をもつて一括貸倒引当金繰入限度額の計算をすることを不適当とする特別の事由が生じたと認める場合には、その承認を取り消すことができる。

5 税務署長は、前2項の処分をするときは、その処分に係る内国法人に対し、書面に

よりその旨を通知する。
6 　第１項の承認を受けた内国法人（前条第５項各号に掲げる内国法人に該当するものに限る。）がその承認の基因となつた適格分割等に係る調整事業年度において法第52条第１項第１号イからハまで又は第２号イからハまでに掲げる法人に該当しないこととなつた場合又は該当することとなつた場合（既にこの項の規定によりその承認を取り消されたものとみなされた場合を除く。）には、その該当しないこととなつた日又はその該当することとなつた日においてその承認を取り消されたものとみなす。
7 　第４項の処分があつた場合にはその処分のあつた日の属する事業年度以後の各事業年度の所得の金額を計算する場合のその処分に係る貸倒実績率の計算についてその処分の効果が生ずるものとし、前項の規定により第１項の承認を取り消されたものとみなされた場合にはその取り消されたものとみなされた日の属する事業年度以後の各事業年度の所得の金額を計算する場合の貸倒実績率の計算についてその取消しの効果が生ずるものとする。
8 　内国法人は、第６項の規定により第１項の承認を取り消されたものとみなされた場合には、その承認の基因となつた適格分割等に係る調整事業年度における貸倒実績率の計算の方法については、再び同項の規定による承認を受けることができる。この場合において、第２項中「同項の適格分割等の日」とあるのは、「第６項に規定する該当しないこととなつた日又は該当することとなつた日」とする。

（適格分割等に係る期中個別貸倒引当金勘定の金額の計算）
第98条　法第52条第５項（貸倒引当金）の内国法人が同項に規定する適格分割等によりその有する同一の債務者に対する個別評価金銭債権（同条第１項に規定する個別評価金銭債権をいう。以下この条において同じ。）の一部のみを当該適格分割等に係る分割承継法人、被現物出資法人又は被現物分配法人に移転する場合には、当該個別評価金銭債権の金額のうちその移転する一部の金額以外の金額はないものとみなして、法第52条第５項の規定を適用する。

（貸倒引当金勘定に繰り入れた金額等とみなす金額）
第99条　内国法人が法第22条の２第１項（収益の額）に規定する資産の販売等を行つた場合において、当該資産の販売等の対価として受け取ることとなる金額のうち同条第５項第１号に掲げる事実が生ずる可能性があることにより売掛金その他の金銭債権に係る勘定の金額としていない金額（以下この条において「金銭債権計上差額」という。）があるときは、当該金銭債権計上差額に相当する金額は、当該内国法人が損金経理により貸倒引当金勘定に繰り入れた金額又は当該内国法人が設けた法第52条第５項（貸倒引当金）に規定する期中個別貸倒引当金勘定若しくは同条第６項に規定する期中一括貸倒引当金勘定の金額とみなして、同条第１項、第２項、第５項及び第６項の規定を適用する。

第100条から第111条まで　　削除

参考資料

法人税法施行規則（抄）（最終改正日：平成31年3月29日）

(更生計画認可の決定等に準ずる事由)
第25条の2 令第96条第1項第1号ニ（貸倒引当金勘定への繰入限度額）に規定する財務省令で定める事由は、法令の規定による整理手続によらない関係者の協議決定で次に掲げるものとする。
一 債権者集会の協議決定で合理的な基準により債務者の負債整理を定めているもの
二 行政機関、金融機関その他第三者のあつせんによる当事者間の協議により締結された契約でその内容が前号に準ずるもの

(更生手続開始の申立て等に準ずる事由)
第25条の3 令第96条第1項第3号ホ（貸倒引当金勘定への繰入限度額）に規定する財務省令で定める事由は、次に掲げる事由とする。
一 手形交換所（手形交換所のない地域にあつては、当該地域において手形交換業務を行う銀行団を含む。）による取引停止処分
二 電子記録債権法（平成19年法律第102号）第2条第2項（定義）に規定する電子債権記録機関（次に掲げる要件を満たすものに限る。）による取引停止処分
　イ 金融機関（預金保険法（昭和46年法律第34号）第2条第1項各号（定義）に掲げる者をいう。以下この号において同じ。）の総数の100分の50を超える数の金融機関に業務委託（電子記録債権法第58条第1項（電子債権記録業の一部の委託）の規定による同法第51条第1項（電子債権記録業を営む者の指定）に規定する電子債権記録業の一部の委託をいう。ロにおいて同じ。）をしていること。
　ロ 電子記録債権法第56条（電子債権記録機関の業務）に規定する業務規程に、業務委託を受けている金融機関はその取引停止処分を受けた者に対し資金の貸付け（当該金融機関の有する債権を保全するための貸付けを除く。）をすることができない旨の定めがあること。

(保存書類)
第25条の4 令第96条第2項（貸倒引当金勘定への繰入限度額）に規定する財務省令で定める書類は、次に掲げる書類とする。
一 令第96条第1項各号に掲げる事実が生じていることを証する書類
二 担保権の実行、保証債務の履行その他により取立て又は弁済の見込みがあると認められる部分の金額がある場合には、その金額を明らかにする書類

(銀行又は保険会社の子会社に準ずる会社等の範囲)
第25条の4の2 令第96条第5項第6号ハ（貸倒引当金勘定への繰入限度額）に規定する財務省令で定める会社は、次の各号に掲げる会社とし、同項第6号ハに規定する財務省令で定める業務は、当該各号に掲げる会社の区分に応じ当該各号に定める業務とする。
一 農業協同組合法第10条第1項第3号又は第10号（事業）の事業を行う農業協同組

合の同法第101条の2第2項（農業協同組合等の子会社の定義）に規定する子会社である会社　同法第10条第6項第6号に掲げる業務

二　農業協同組合法第10条第1項第3号の事業を行う農業協同組合連合会の同法第11条の2第2項に規定する子会社である同法第11条の66第1項第5号（農業協同組合連合会の子会社の範囲等）に掲げる会社　同法第10条第6項第6号に掲げる業務

三　信用協同組合の協同組合による金融事業に関する法律（昭和24年法律第183号）第4条第1項（信用協同組合等の子会社の定義）に規定する子会社である同法第4条の2第1項第1号（信用協同組合の子会社の範囲等）に掲げる会社　中小企業等協同組合法（昭和24年法律第181号）第9条の8第2項第10号（信用協同組合）に掲げる業務

四　中小企業等協同組合法第9条の9第1項第1号（協同組合連合会）の事業を行う協同組合連合会の協同組合による金融事業に関する法律第4条第1項に規定する子会社である同法第4条の4第1項第6号（信用協同組合連合会の子会社の範囲等）に掲げる会社　中小企業等協同組合法第9条の8第2項第10号に掲げる業務

五　信用金庫の信用金庫法（昭和26年法律第238号）第32条第6項（役員）に規定する子会社である同法第54条の21第1項第1号（信用金庫の子会社の範囲等）に掲げる会社　同法第53条第3項第5号（信用金庫の事業）に掲げる業務

六　信用金庫連合会の信用金庫法第32条第6項に規定する子会社である同法第54条の23第1項第10号（信用金庫連合会の子会社の範囲等）に掲げる会社　同法第54条第4項第5号（信用金庫連合会の事業）に掲げる業務

七　長期信用銀行法（昭和27年法律第187号）第2条（定義）に規定する長期信用銀行の同法第13条の2第2項（長期信用銀行の子会社の範囲等）に規定する子会社である同条第1項第11号に掲げる会社　同法第6条第3項第4号（業務の範囲）に掲げる業務

八　長期信用銀行法第16条の4第1項（長期信用銀行持株会社の子会社の範囲等）に規定する長期信用銀行持株会社の同法第13条の2第2項に規定する子会社である同法第16条の4第1項第10号に掲げる会社　同法第6条第3項第4号に掲げる業務

九　労働金庫の労働金庫法（昭和28年法律第227号）第32条第5項（役員）に規定する子会社である同法第58条の3第1項第1号（労働金庫の子会社の範囲等）に掲げる会社　同法第58条第2項第11号（金庫の事業）に掲げる業務

十　労働金庫連合会の労働金庫法第32条第5項に規定する子会社である同法第58条の5第1項第6号（労働金庫連合会の子会社の範囲等）に掲げる会社　同法第58条の2第1項第9号（金庫の事業）に掲げる業務

十一　銀行法第2条第13項（定義等）に規定する銀行持株会社の同条第8項に規定する子会社である同法第52条の23第1項第10号（銀行持株会社の子会社の範囲等）に掲げる会社　同法第10条第2項第5号（業務の範囲）に掲げる業務

十二　保険業法（平成7年法律第105号）第2条第16項（定義）に規定する保険持株会社の同条第12項に規定する子会社である同法第271条の22第1項第12号（保険持株会社の子会社の範囲等）に掲げる会社　同法第98条第1項第4号（業務の範囲）に掲げる業務

十三　農林中央金庫の農林中央金庫法（平成13年法律第93号）第24条第4項（監事）に規定する子会社である同法第72条第1項第8号（農林中央金庫の子会社の範囲等）に掲げる会社　同法第54条第4項第5号（業務の範囲）に掲げる業務

十四　株式会社商工組合中央金庫の株式会社商工組合中央金庫法（平成19年法律第74号）第23条第2項（経営の健全性の確保）に規定する子会社である同法第39条第1項第6号（商工組合中央金庫の子会社の範囲等）に掲げる会社　同法第21条第4項第5号（業務の範囲）に掲げる業務

（貸倒実績率の特別な計算方法の承認申請書の記載事項）

第25条の5　令第97条第2項（貸倒実績率の特別な計算方法）に規定する財務省令で定める事項は、次に掲げる事項とする。
一　申請をする内国法人の名称、納税地及び法人番号並びに代表者の氏名
二　前号の内国法人の次に掲げる区分に応じ、それぞれ次に定める事項
　イ　令第97条第1項に規定する適格分割等（以下この条において「適格分割等」という。）に係る分割法人又は現物出資法人（ロにおいて「分割法人等」という。）　当該適格分割等に係る分割承継法人又は被現物出資法人（以下この号及び第4号において「分割承継法人等」という。）の名称及び納税地（当該分割承継法人等が連結子法人である場合には、当該分割承継法人等の本店又は主たる事務所の所在地）並びに代表者の氏名
　ロ　適格分割等に係る分割承継法人等　当該適格分割等に係る分割法人等の名称及び納税地（当該分割法人等が連結子法人である場合には、当該分割法人等の本店又は主たる事務所の所在地）並びに代表者の氏名
三　適格分割等の日（令第97条第8項の規定の適用を受けて同条第1項の規定による承認の申請をする場合には、同条第6項に規定する該当しないこととなつた日又は該当することとなつた日を含む。）
四　採用しようとする適格分割等により分割承継法人等に移転する事業に係る貸倒れの実績を考慮した計算方法の内容及びその方法による計算の基礎となる金額の明細
五　前号の方法を採用しようとする理由
六　その他参考となるべき事項

（適格分割等により移転する金銭債権に係る期中貸倒引当金勘定の金額の損金算入に関する届出書の記載事項）

第25条の6　法第52条第7項（適格分割等により移転する金銭債権に係る期中貸倒引当金勘定の金額の損金算入に係る届出）に規定する財務省令で定める事項は、次に掲げる事項とする。
一　法第52条第5項又は第6項の規定の適用を受けようとする内国法人の名称、納税地及び法人番号並びに代表者の氏名
二　法第52条第5項に規定する適格分割等（次号において「適格分割等」という。）に係る分割承継法人、被現物出資法人又は被現物分配法人（以下この号において「分割承継法人等」という。）の名称及び納税地（当該分割承継法人等が連結子法人であ

る場合には、当該分割承継法人等の本店又は主たる事務所の所在地）並びに代表者の氏名
三　適格分割等の日
四　次に掲げる事項
　　イ　法第52条第5項に規定する期中個別貸倒引当金勘定の金額に相当する金額及び個別貸倒引当金繰入限度額に相当する金額並びにこれらの金額の計算に関する明細
　　ロ　法第52条第6項に規定する期中一括貸倒引当金勘定の金額に相当する金額及び一括貸倒引当金繰入限度額に相当する金額並びにこれらの金額の計算に関する明細
五　その他参考となるべき事項

第25条の7及び第25条の8　削除

法人税基本通達（抄）（令和元年6月28日改正分まで収録）

（評価換えの対象となる資産の範囲）
9－1－3の2　法人の有する金銭債権は、法第33条第2項《資産の評価換えによる評価損の損金算入》の評価換えの対象とならないことに留意する。
　(注)　令第68条第1項《資産の評価損の計上ができる事実》に規定する「法的整理の事実」が生じた場合において、法人の有する金銭債権の帳簿価額を損金経理により減額したときは、その減額した金額に相当する金額については、法第52条《貸倒引当金》の貸倒引当金勘定に繰り入れた金額として取り扱う。（平21年課法2－5「七」により追加）

（金銭債権の全部又は一部の切捨てをした場合の貸倒れ）
9－6－1　法人の有する金銭債権について次に掲げる事実が発生した場合には、その金銭債権の額のうち次に掲げる金額は、その事実の発生した日の属する事業年度において貸倒れとして損金の額に算入する。（昭55年直法2－15「十五」、平10年課法2－7「十三」、平11年課法2－9「十四」、平12年課法2－19「十四」、平16年課法2－14「十一」、平17年課法2－14「十二」、平19年課法2－3「二十五」、平22年課法2－1「二十一」により改正）
(1)　更生計画認可の決定又は再生計画認可の決定があった場合において、これらの決定により切り捨てられることとなった部分の金額
(2)　特別清算に係る協定の認可の決定があった場合において、この決定により切り捨てられることとなった部分の金額
(3)　法令の規定による整理手続によらない関係者の協議決定で次に掲げるものにより切り捨てられることとなった部分の金額
　　イ　債権者集会の協議決定で合理的な基準により債務者の負債整理を定めているもの

ロ　行政機関又は金融機関その他の第三者のあっせんによる当事者間の協議により締結された契約でその内容がイに準ずるもの
(4) 債務者の債務超過の状態が相当期間継続し、その金銭債権の弁済を受けることができないと認められる場合において、その債務者に対し書面により明らかにされた債務免除額

（回収不能の金銭債権の貸倒れ）
9－6－2　法人の有する金銭債権につき、その債務者の資産状況、支払能力等からみてその全額が回収できないことが明らかになった場合には、その明らかになった事業年度において貸倒れとして損金経理をすることができる。この場合において、当該金銭債権について担保物があるときは、その担保物を処分した後でなければ貸倒れとして損金経理をすることはできないものとする。(昭55年直法2－15「十五」、平10年課法2－7「十三」により改正)
　(注)　保証債務は、現実にこれを履行した後でなければ貸倒れの対象にすることはできないことに留意する。

（一定期間取引停止後弁済がない場合等の貸倒れ）
9－6－3　債務者について次に掲げる事実が発生した場合には、その債務者に対して有する売掛債権（売掛金、未収請負金その他これらに準ずる債権をいい、貸付金その他これに準ずる債権を含まない。以下9－6－3において同じ。）について法人が当該売掛債権の額から備忘価額を控除した残額を貸倒れとして損金経理をしたときは、これを認める。(昭46年直審(法)20「6」、昭55年直法2－15「十五」により改正)
(1) 債務者との取引を停止した時（最後の弁済期又は最後の弁済の時が当該停止をした時以後である場合には、これらのうち最も遅い時）以後1年以上経過した場合（当該売掛債権について担保物のある場合を除く。）
(2) 法人が同一地域の債務者について有する当該売掛債権の総額がその取立てのために要する旅費その他の費用に満たない場合において、当該債務者に対し支払を督促したにもかかわらず弁済がないとき
　(注)　(1)の取引の停止は、継続的な取引を行っていた債務者につきその資産状況、支払能力等が悪化したためその後の取引を停止するに至った場合をいうのであるから、例えば不動産取引のようにたまたま取引を行った債務者に対して有する当該取引に係る売掛債権については、この取扱いの適用はない。

（貸倒引当金の差額繰入れ等の特例）
11－1－1　法人が貸倒引当金につき当該事業年度の取崩額と当該事業年度の繰入額との差額を損金経理により繰り入れ又は取り崩して益金の額に算入している場合においても、確定申告書に添付する明細書にその相殺前の金額に基づく繰入れ等であることを明らかにしているときは、その相殺前の金額によりその繰入れ及び取崩しがあったものとして取り扱う。(平30年課法2－8「十一」により改正)

法人税基本通達（抄）

（取立不能見込額として表示した貸倒引当金）
11－2－1　法人が貸倒引当金勘定への繰入れの表示に代えて取立不能見込額として表示した場合においても、当該取立不能見込額の表示が財務諸表の注記等により確認でき、かつ、貸倒引当金勘定への繰入れであることが総勘定元帳及び確定申告書において明らかにされているときは、当該取立不能見込額は、貸倒引当金勘定への繰入額として取り扱う。（平10年課法2－7「十五」により追加、平12年課法2－7「十八」により改正）

（個別評価金銭債権に係る貸倒引当金と一括評価金銭債権に係る貸倒引当金との関係）
11－2－1の2　法第52条第1項《貸倒引当金》に規定する個別評価金銭債権に係る貸倒引当金の繰入限度額の計算と同条第2項に規定する一括評価金銭債権に係る貸倒引当金の繰入限度額の計算は、それぞれ別に計算することとされていることから、例えば、個別評価金銭債権に係る貸倒引当金の繰入額に繰入限度超過額があり、他方、一括評価金銭債権に係る貸倒引当金の繰入額が繰入限度額に達していない場合であっても、当該繰入限度超過額を当該一括評価金銭債権に係る貸倒引当金の繰入額として取り扱うことはできないことに留意する。（平15年課法2－7「三十三」により追加）

（リース資産の対価の額に係る金銭債権の範囲）
11－2－1の3　令第96条第5項第1号《貸倒引当金勘定への繰入限度額》に掲げる「リース資産の対価の額に係る金銭債権」には、法第64条の2第3項《リース取引に係る所得の金額の計算》に規定するリース取引に係る契約が解除された場合に同条第1項の賃貸人に支払われることとされているいわゆる規定損害金に係る金銭債権が含まれることに留意する。（平24年課法2－17「二」により追加）

（貸倒損失の計上と個別評価金銭債権に係る貸倒引当金の繰入れ）
11－2－2　法第52条第1項《貸倒引当金》の規定の適用に当たり、確定申告書に「個別評価金銭債権に係る貸倒引当金の損金算入に関する明細書」が添付されていない場合であっても、それが貸倒損失を計上したことに基因するものであり、かつ、当該確定申告書の提出後に当該明細書が提出されたときは、同条第4項の規定を適用し、当該貸倒損失の額を当該債務者についての個別評価金銭債権に係る貸倒引当金の繰入れに係る損金算入額として取り扱うことができるものとする。（平12年課法2－7「十八」により追加、平14年課法2－1「二十六」により改正）
　（注）本文の適用は、同条第1項の規定に基づく個別評価金銭債権に係る貸倒引当金の繰入れに係る損金算入額の認容であることから、同項の規定の適用に関する疎明資料の保存がある場合に限られる。

（貸倒れに類する事由）
11－2－3　法第52条第1項《貸倒引当金》に規定する「貸倒れその他これに類する事由」には、売掛金、貸付金その他これらに類する金銭債権の貸倒れのほか、例えば、保証金や前渡金等について返還請求を行った場合における当該返還請求債権が回収不

能となったときがこれに含まれる。(平10年課法2－7「十五」により追加、平14年課法2－1「二十六」により改正)

(裏書譲渡をした受取手形)
11－2－4　法人がその有する金銭債権について取得した受取手形で当該金銭債権に係る債務者が振り出し、又は引き受けたものを裏書譲渡(割引を含む。以下11－2－4において同じ。)した場合には、当該受取手形に係る既存債権を法第52条第1項《貸倒引当金》に規定する金銭債権に該当するものとして取り扱う。(平10年課法2－7「十五」により追加、平12年課法2－7「十八」により改正)
　(注)　この取扱いは、その裏書譲渡された受取手形の金額が財務諸表の注記等において確認できる場合に適用する。

(担保権の実行により取立て等の見込みがあると認められる部分の金額)
11－2－5　令第96条第1項第1号及び第3号《貸倒引当金勘定への繰入限度額》に規定する担保権の実行により取立て等の見込みがあると認められる部分の金額とは、質権、抵当権、所有権留保、信用保険等によって担保されている部分の金額をいうことに留意する。(平10年課法2－7「十五」により追加)

(相当期間の意義)
11－2－6　令第96条第1項第2号《貸倒引当金勘定への繰入限度額》に規定する「債務者につき、債務超過の状態が相当期間継続し、かつ、その営む事業に好転の見通しがないこと」における「相当期間」とは、「おおむね1年以上」とし、その債務超過に至った事情と事業好転の見通しをみて、同号に規定する事由が生じているかどうかを判定するものとする。(平10年課法2－15「3」により追加、平14年課法2－1「二十六」により改正)

(人的保証に係る回収可能額の算定)
11－2－7　令第96条第1項第2号《貸倒引当金勘定への繰入限度額》に規定する「当該金銭債権の一部の金額につきその取立て等の見込みがないと認められる」場合における「当該一部の金額に相当する金額」とは、その金銭債権の額から担保物の処分による回収可能額及び人的保証に係る回収可能額などを控除して算定するのであるが、次に掲げる場合には、人的保証に係る回収可能額の算定上、回収可能額を考慮しないことができる。(平10年課法2－15「3」により追加、平14年課法2－1「二十六」、平24年課法2－17「二」により改正)
　(1)　保証債務の存否に争いのある場合で、そのことにつき相当の理由のあるとき
　(2)　保証人が行方不明で、かつ、当該保証人の有する資産について評価額以上の質権、抵当権(以下11－2－7において「質権等」という。)が設定されていること等により当該資産からの回収が見込まれない場合
　(3)　保証人について令第96条第1項第3号《貸倒引当金勘定への繰入限度額》に掲げる事由が生じている場合

法人税基本通達（抄）

(4) 保証人が生活保護を受けている場合（それと同程度の収入しかない場合を含む。）で、かつ、当該保証人の有する資産について評価額以上の質権等が設定されていること等により当該資産からの回収が見込まれないこと。
(5) 保証人が個人であって、次のいずれにも該当する場合
　　イ　当該保証人が有する資産について評価額以上の質権等が設定されていること等により、当該資産からの回収が見込まれないこと。
　　ロ　当該保証人の年収額（その事業年度終了の日の直近1年間における収入金額をいう。）が当該保証人に係る保証債務の額の合計額（当該保証人の保証に係る金銭債権につき担保物がある場合には当該金銭債権の額から当該担保物の価額を控除した金額をいう。以下11－2－7において同じ。）の5％未満であること。
　　(注)　1　当該保証人に係る保証債務の額の合計額には、当該保証人が他の債務者の金銭債権につき保証をしている場合には、当該他の債務者の金銭債権に係る保証債務の額の合計額を含めることができる。
　　　　　2　上記ロの当該保証人の年収額については、その算定が困難であるときは、当該保証人の前年（当該事業年度終了の日を含む年の前年をいう。）分の収入金額とすることができる。

（担保物の処分以外に回収が見込まれない場合等の個別評価金銭債権に係る貸倒引当金の繰入れ）
11－2－8　令第96条第1項第2号《貸倒引当金勘定への繰入限度額》に規定する「その他の事由により、当該金銭債権の一部の金額につきその取立て等の見込みがないと認められること」には、次に掲げる事実が含まれることに留意する。この場合において、同号に規定するその取立て等の見込みがないと認められる金額とは、当該回収できないことが明らかになった金額又は当該未収利息として計上した金額をいう。（平10年課法2－7「十五」により追加、平10年課法2－15「3」、平12年課法2－7「十八」、平14年課法2－1「二十六」、平15年課法2－7「三十三」、平24年課法2－17「二」により改正）
(1) 法人の有するその金銭債権の額のうち担保物の処分によって得られると見込まれる金額以外の金額につき回収できないことが明らかになった場合において、その担保物の処分に日時を要すると認められること
(2) 貸付金又は有価証券（以下この(2)において「貸付金等」という。）に係る未収利息を資産に計上している場合において、当該計上した事業年度（その事業年度が連結事業年度に該当する場合には、当該連結事業年度）終了の日（当該貸付金等に係る未収利息を2以上の事業年度において計上しているときは、これらの事業年度のうち最終の事業年度終了の日）から2年を経過した日の前日を含む事業年度終了の日までの期間に、各種の手段を活用した支払の督促等の回収の努力をしたにもかかわらず、当該期間内に当該貸付金等に係る未収利息（当該資産に計上している未収利息以外の利息の未収金を含む。）につき、債務者が債務超過に陥っている等の事由からその入金が全くないこと

277

（実質的に債権とみられない部分）

11－2－9 令第96条第1項第3号《貸倒引当金勘定への繰入限度額》に規定する「当該金銭債権の額のうち、当該債務者から受け入れた金額があるため実質的に債権とみられない部分の金額」とは、次に掲げるような金額がこれに該当する。（平10年課法2－7「十五」により追加、平14年課法2－1「二十六」、平24年課法2－17「二」により改正）

(1) 同一人に対する売掛金又は受取手形と買掛金がある場合のその売掛金又は受取手形の金額のうち買掛金の金額に相当する金額

(2) 同一人に対する売掛金又は受取手形と買掛金がある場合において、当該買掛金の支払のために他から取得した受取手形を裏書譲渡したときのその売掛金又は受取手形の金額のうち当該裏書譲渡した手形（支払期日の到来していないものに限る。）の金額に相当する金額

(3) 同一人に対する売掛金とその者から受け入れた営業に係る保証金がある場合のその売掛金の額のうち保証金の額に相当する金額

(4) 同一人に対する売掛金とその者から受け入れた借入金がある場合のその売掛金の額のうち借入金の額に相当する金額

(5) 同一人に対する完成工事の未収金とその者から受け入れた未成工事に対する受入金がある場合のその未収金の額のうち受入金の額に相当する金額

(6) 同一人に対する貸付金と買掛金がある場合のその貸付金の額のうち買掛金の額に相当する金額

(7) 使用人に対する貸付金とその使用人から受け入れた預り金がある場合のその貸付金の額のうち預り金の額に相当する金額

(8) 専ら融資を受ける手段として他から受取手形を取得し、その見合いとして借入金を計上した場合のその受取手形の金額のうち借入金の額に相当する金額

(9) 同一人に対する未収地代家賃とその者から受け入れた敷金がある場合のその未収地代家賃の額のうち敷金の額に相当する金額

（第三者の振り出した手形）

11－2－10 令第96条第1項第3号《貸倒引当金勘定への繰入限度額》の規定を適用する場合において、法人が債務者から他の第三者の振り出した手形（債務者の振り出した手形で第三者の引き受けたものを含む。）を受け取っている場合における当該手形の金額に相当する金額は、取立て等の見込みがあると認められる部分の金額に該当することに留意する。（平10年課法2－7「十五」により追加、平14年課法2－1「二十六」により改正）

（手形交換所等の取引停止処分）

11－2－11 法人の各事業年度終了の日までに債務者の振り出した手形が不渡りとなり、当該事業年度分に係る確定申告書の提出期限（法第75条の2《確定申告書の提出期限の延長の特例》の規定によりその提出期限が延長されている場合には、その延長された期限とする。以下11－2－11において同じ。）までに当該債務者について規則第25条

の３第１号《更生手続開始の申立て等に準ずる事由》に規定する手形交換所による取引停止処分が生じた場合には、当該事業年度において令第96条第１項第３号《貸倒引当金勘定への繰入限度額》の規定を適用することができる。

　法人の各事業年度終了の日までに支払期日の到来した電子記録債権法第２条第１項《定義》に規定する電子記録債権につき債務者から支払が行われず、当該事業年度分に係る確定申告書の提出期限までに当該債務者について同条第２項に規定する電子債権記録機関（規則第25条の３第２号イ及びロに掲げる要件を満たすものに限る。）による取引停止処分が生じた場合についても、同様とする。（平10年課法２-７「十五」により追加、平14年課法２-１「二十六」、平25年課法２-４「二」により改正）

（国外にある債務者）
11-２-12　国外にある債務者について、令第96条第１項第１号又は第３号《貸倒引当金勘定への繰入限度額》に掲げる事由に類する事由が生じた場合には、これらの規定の適用があることに留意する。（平10年課法２-７「十五」により追加、平14年課法２-１「二十六」により改正）

（中央銀行の意義）
11-２-13　令第96条第１項第４号《貸倒引当金勘定への繰入限度額》に規定する「中央銀行」とは、金融機関でその本店又は主たる事務所の所在する国において、通貨の調節、金融の調整又は信用制度の保持育成の業務その他これに準ずる業務を行うものをいう。（平10年課法２-７「十五」により追加、平14年課法２-１「二十六」により改正）

（繰入れ対象となる公的債務者に対する個別評価金銭債権）
11-２-14　令第96条第１項第４号《貸倒引当金勘定への繰入限度額》に掲げる金銭債権は、次に掲げる金銭債権とする。

　ただし、債務者が外国の地方公共団体である場合において、その金銭債権の元本の返済及び利息等の支払に係る債務不履行の原因が当該地方公共団体の属する国の外貨準備高の不足によるものであることが明らかなときは、当該地方公共団体に対する金銭債権については、この限りでない。（平10年課法２-７「十五」により追加、平14年課法２-１「二十六」、平22年課法２-１「二十三」、平23年課法２-17「二十四」、平24年課法２-17「二」により改正）

(1) 債務者たる外国の政府、中央銀行及び地方公共団体（以下11-２-15までにおいて「公的債務者」という。）に対して有する金銭債権につき債務不履行が生じたため、当該公的債務者との間の金銭債権に係る契約において定められているところに従い、当該法人が当該公的債務者に対して債務不履行宣言を行った場合で、次に掲げる要件の全てを満たすとき　当該公的債務者に対して有する金銭債権の額
　イ　当該債務不履行宣言を行った日以後その事業年度終了の日までの間において、当該債務不履行の状態が継続し、かつ、当該法人が、当該公的債務者に対する融資又は当該公的債務者との間で金銭債権に係る債務の履行期限の延長に関する契

参考資料

　　　　約の締結若しくは物品販売等の取引を行っていないこと。
　　ロ　その事業年度終了の日において、当該法人が、当該公的債務者に対する融資又は当該公的債務者との間で金銭債権に係る債務の履行期限の延長に関する契約の締結若しくは物品販売等の取引を行う具体的な計画を有していないこと。
　（注）１　債務不履行宣言とは、債務者に対する金銭債権につき債務不履行が生じた場合に、当該金銭債権に係る期限の利益の喪失を目的として債権者が行う宣言をいう。
　　　　２　当該法人以外の者が外国の公的債務者に対して債務不履行宣言を行った場合において、当該債務不履行宣言の効果が当該法人に及ぶことが金銭債権に係る契約書において定められているときであっても、当該法人の当該公的債務者に対して有する金銭債権につき債務不履行が生じていないときは、同号に掲げる事由に該当しないことに留意する。
(2)　外国の公的債務者が次に掲げる全ての要件を満たす場合　当該公的債務者に対して有する金銭債権のうち元本等の返済及び利息等の支払に係る債務不履行の期間（当該金銭債権が適格組織再編成により移転を受けたものである場合にあっては、当該適格組織再編成に係る被合併法人、分割法人、現物出資法人又は現物分配法人における債務不履行の期間を含む。）がその事業年度終了の日以前３年以上の期間にわたっているものの金額
　　イ　その事業年度終了の日以前３年間（以下11－２－14において「期末以前３年間」という。）において、当該公的債務者に対する金銭債権につき元本等の返済及び利息等の支払がないこと。
　　ロ　当該法人（その金銭債権が適格組織再編成により移転を受けたものである場合にあっては、当該適格組織再編成に係る被合併法人、分割法人、現物出資法人又は現物分配法人を含む。）が、期末以前３年間において、当該公的債務者に対する融資又は当該公的債務者との間で金銭債権に係る債務の履行期限の延長に関する契約の締結若しくは物品販売等の取引を行っていないこと。
　　ハ　その事業年度終了の日において、当該法人が、当該公的債務者に対する融資又は当該公的債務者との間で金銭債権に係る債務の履行期限の延長に関する契約の締結若しくは物品販売等の取引を行う具体的な計画を有していないこと。

（取立て等の見込みがあると認められる部分の金額）

11－２－15　令第96条第１項第４号括弧書に規定する「取立て等の見込みがあると認められる部分の金額」とは、次に掲げる金額をいう。（平10年課法２－７「十五」により追加、平10年課法２－17「六」、平14年課法２－１「二十六」、平23年課法２－17「二十四」、平24年課法２－17「二」により改正）
(1)　当該金銭債権につき他の者（当該法人の当該他の者に対する金銭債権につき債務不履行が生じている者を除く。以下(4)において同じ。）により債務の保証が付されている場合の当該保証が付されている部分に相当する金額
(2)　当該金銭債権につき債務の履行不能によって生ずる損失をてん補する保険が付されている場合の当該保険が付されている部分に相当する金額

(3) 当該金銭債権につき質権、抵当権、所有権留保等によって担保されている場合の当該担保されている部分の金額
  (4) 当該公的債務者から他の者が振り出した手形（当該公的債務者の振り出した手形で他の者の引き受けたものを含む。）を受け取っている場合のその手形の金額に相当する金額等実質的に債権と認められない金額

（貸倒損失の計上と個別評価金銭債権に係る貸倒引当金の繰入れ）

11－2－2　法第52条第1項《貸倒引当金》の規定の適用に当たり、確定申告書に「個別評価金銭債権に係る貸倒引当金の損金算入に関する明細書」が添付されていない場合であっても、それが貸倒損失を計上したことに基因するものであり、かつ、当該確定申告書の提出後に当該明細書が提出されたときは、同条第4項の規定を適用し、当該貸倒損失の額を当該債務者についての個別評価金銭債権に係る貸倒引当金の繰入れに係る損金算入額として取り扱うことができるものとする。（平12年課法2－7「十八」により追加、平14年課法2－1「二十六」により改正）

  (注)　本文の適用は、同条第1項の規定に基づく個別評価金銭債権に係る貸倒引当金の繰入れに係る損金算入額の認容であることから、同項の規定の適用に関する疎明資料の保存がある場合に限られる。

（貸倒れに類する事由）

11－2－3　法第52条第1項《貸倒引当金》に規定する「貸倒れその他これに類する事由」には、売掛金、貸付金その他これらに類する金銭債権の貸倒れのほか、例えば、保証金や前渡金等について返還請求を行った場合における当該返還請求債権が回収不能となったときがこれに含まれる。（平10年課法2－7「十五」により追加、平14年課法2－1「二十六」により改正）

（裏書譲渡をした受取手形）

11－2－4　法人がその有する金銭債権について取得した受取手形で当該金銭債権に係る債務者が振り出し、又は引き受けたものを裏書譲渡（割引を含む。以下11－2－4において同じ。）した場合には、当該受取手形に係る既存債権を法第52条第1項《貸倒引当金》に規定する金銭債権に該当するものとして取り扱う。（平10年課法2－7「十五」により追加、平12年課法2－7「十八」により改正）

  (注)　この取扱いは、その裏書譲渡された受取手形の金額が財務諸表の注記等において確認できる場合に適用する。

（担保権の実行により取立て等の見込みがあると認められる部分の金額）

11－2－5　令第96条第1項第1号及び第3号《貸倒引当金勘定への繰入限度額》に規定する担保権の実行により取立て等の見込みがあると認められる部分の金額とは、質権、抵当権、所有権留保、信用保険等によって担保されている部分の金額をいうことに留意する。（平10年課法2－7「十五」により追加）

参考資料

(相当期間の意義)
11−2−6　令第96条第1項第2号《貸倒引当金勘定への繰入限度額》に規定する「債務者につき、債務超過の状態が相当期間継続し、かつ、その営む事業に好転の見通しがないこと」における「相当期間」とは、「おおむね1年以上」とし、その債務超過に至った事情と事業好転の見通しをみて、同号に規定する事由が生じているかどうかを判定するものとする。(平10年課法2−15「3」により追加、平14年課法2−1「二十六」により改正)

(人的保証に係る回収可能額の算定)
11−2−7　令第96条第1項第2号《貸倒引当金勘定への繰入限度額》に規定する「当該金銭債権の一部の金額につきその取立て等の見込みがないと認められる」場合における「当該一部の金額に相当する金額」とは、その金銭債権の額から担保物の処分による回収可能額及び人的保証に係る回収可能額などを控除して算定するのであるが、次に掲げる場合には、人的保証に係る回収可能額の算定上、回収可能額を考慮しないことができる。(平10年課法2−15「3」により追加、平14年課法2−1「二十六」、平24年課法2−17「二」により改正)
(1) 保証債務の存否に争いのある場合で、そのことにつき相当の理由のあるとき
(2) 保証人が行方不明で、かつ、当該保証人の有する資産について評価額以上の質権、抵当権(以下11−2−7において「質権等」という。)が設定されていること等により当該資産からの回収が見込まれない場合
(3) 保証人について令第96条第1項第3号《貸倒引当金勘定への繰入限度額》に掲げる事由が生じている場合
(4) 保証人が生活保護を受けている場合(それと同程度の収入しかない場合を含む。)で、かつ、当該保証人の有する資産について評価額以上の質権等が設定されていること等により当該資産からの回収が見込まれないこと。
(5) 保証人が個人であって、次のいずれにも該当する場合
　イ　当該保証人が有する資産について評価額以上の質権等が設定されていること等により、当該資産からの回収が見込まれないこと。
　ロ　当該保証人の年収額(その事業年度終了の日の直近1年間における収入金額をいう。)が当該保証人に係る保証債務の額の合計額(当該保証人の保証に係る金銭債権につき担保物がある場合には当該金銭債権の額から当該担保物の価額を控除した金額をいう。以下11−2−7において同じ。)の5%未満であること。
　(注)　1　当該保証人に係る保証債務の額の合計額には、当該保証人が他の債務者の金銭債権につき保証をしている場合には、当該他の債務者の金銭債権に係る保証債務の額の合計額を含めることができる。
　　　　　2　上記ロの当該保証人の年収額については、その算定が困難であるときは、当該保証人の前年(当該事業年度終了の日を含む年の前年をいう。)分の収入金額とすることができる。

法人税基本通達（抄）

（担保物の処分以外に回収が見込まれない場合等の個別評価金銭債権に係る貸倒引当金の繰入れ）

11－2－8　令第96条第1項第2号《貸倒引当金勘定への繰入限度額》に規定する「その他の事由により、当該金銭債権の一部の金額につきその取立て等の見込みがないと認められること」には、次に掲げる事実が含まれることに留意する。この場合において、同号に規定するその取立て等の見込みがないと認められる金額とは、当該回収できないことが明らかになった金額又は当該未収利息として計上した金額をいう。（平10年課法2－7「十五」により追加、平10年課法2－15「3」、平12年課法2－7「十八」、平14年課法2－1「二十六」、平15年課法2－7「三十三」、平24年課法2－17「二」により改正）

(1) 法人の有するその金銭債権の額のうち担保物の処分によって得られると見込まれる金額以外の金額につき回収できないことが明らかになった場合において、その担保物の処分に日時を要すると認められること

(2) 貸付金又は有価証券（以下この(2)において「貸付金等」という。）に係る未収利息を資産に計上している場合において、当該計上した事業年度（その事業年度が連結事業年度に該当する場合には、当該連結事業年度）終了の日（当該貸付金等に係る未収利息を2以上の事業年度において計上しているときは、これらの事業年度のうち最終の事業年度終了の日）から2年を経過した日の前日を含む事業年度終了の日までの期間に、各種の手段を活用した支払の督促等の回収の努力をしたにもかかわらず、当該期間内に当該貸付金等に係る未収利息（当該資産に計上している未収利息以外の利息の未収金を含む。）につき、債務者が債務超過に陥っている等の事由からその入金が全くないこと

（実質的に債権とみられない部分）

11－2－9　令第96条第1項第3号《貸倒引当金勘定への繰入限度額》に規定する「当該金銭債権の額のうち、当該債務者から受け入れた金額があるため実質的に債権とみられない部分の金額」とは、次に掲げるような金額がこれに該当する。（平10年課法2－7「十五」により追加、平14年課法2－1「二十六」、平24年課法2－17「二」により改正）

(1) 同一人に対する売掛金又は受取手形と買掛金がある場合のその売掛金又は受取手形の金額のうち買掛金の金額に相当する金額

(2) 同一人に対する売掛金又は受取手形と買掛金がある場合において、当該買掛金の支払のために他から取得した受取手形を裏書譲渡したときのその売掛金又は受取手形の金額のうち当該裏書譲渡した手形（支払期日の到来していないものに限る。）の金額に相当する金額

(3) 同一人に対する売掛金とその者から受け入れた営業に係る保証金がある場合のその売掛金の額のうち保証金の額に相当する金額

(4) 同一人に対する売掛金とその者から受け入れた借入金がある場合のその売掛金の額のうち借入金の額に相当する金額

(5) 同一人に対する完成工事の未収金とその者から受け入れた未成工事に対する受入

####### 参考資料

金がある場合のその未収金の額のうち受入金の額に相当する金額
(6) 同一人に対する貸付金と買掛金がある場合のその貸付金の額のうち買掛金の額に相当する金額
(7) 使用人に対する貸付金とその使用人から受け入れた預り金がある場合のその貸付金の額のうち預り金の額に相当する金額
(8) 専ら融資を受ける手段として他から受取手形を取得し、その見合いとして借入金を計上した場合のその受取手形の金額のうち借入金の額に相当する金額
(9) 同一人に対する未収地代家賃とその者から受け入れた敷金がある場合のその未収地代家賃の額のうち敷金の額に相当する金額

(第三者の振り出した手形)

11－2－10 令第96条第1項第3号《貸倒引当金勘定への繰入限度額》の規定を適用する場合において、法人が債務者から他の第三者の振り出した手形（債務者の振り出した手形で第三者の引き受けたものを含む。）を受け取っている場合における当該手形の金額に相当する金額は、取立て等の見込みがあると認められる部分の金額に該当することに留意する。（平10年課法2－7「十五」により追加、平14年課法2－1「二十六」により改正）

(手形交換所等の取引停止処分)

11－2－11 法人の各事業年度終了の日までに債務者の振り出した手形が不渡りとなり、当該事業年度分に係る確定申告書の提出期限（法第75条の2《確定申告書の提出期限の延長の特例》の規定によりその提出期限が延長されている場合には、その延長された期限とする。以下11－2－11において同じ。）までに当該債務者について規則第25条の3第1号《更生手続開始の申立て等に準ずる事由》に規定する手形交換所による取引停止処分が生じた場合には、当該事業年度において令第96条第1項第3号《貸倒引当金勘定への繰入限度額》の規定を適用することができる。

　法人の各事業年度終了の日までに支払期日の到来した電子記録債権法第2条第1項《定義》に規定する電子記録債権につき債務者から支払が行われず、当該事業年度分に係る確定申告書の提出期限までに当該債務者について同条第2項に規定する電子債権記録機関（規則第25条の3第2号イ及びロに掲げる要件を満たすものに限る。）による取引停止処分が生じた場合についても、同様とする。（平10年課法2－7「十五」により追加、平14年課法2－1「二十六」、平25年課法2－4「二」により改正）

(国外にある債務者)

11－2－12 国外にある債務者について、令第96条第1項第1号又は第3号《貸倒引当金勘定への繰入限度額》に掲げる事由に類する事由が生じた場合には、これらの規定の適用があることに留意する。（平10年課法2－7「十五」により追加、平14年課法2－1「二十六」により改正）

法人税基本通達（抄）

（中央銀行の意義）
11－2－13　令第96条第1項第4号《貸倒引当金勘定への繰入限度額》に規定する「中央銀行」とは、金融機関でその本店又は主たる事務所の所在する国において、通貨の調節、金融の調整又は信用制度の保持育成の業務その他これに準ずる業務を行うものをいう。（平10年課法2－7「十五」により追加、平14年課法2－1「二十六」により改正）

（繰入れ対象となる公的債務者に対する個別評価金銭債権）
11－2－14　令第96条第1項第4号《貸倒引当金勘定への繰入限度額》に掲げる金銭債権は、次に掲げる金銭債権とする。
　　ただし、債務者が外国の地方公共団体である場合において、その金銭債権の元本の返済及び利息等の支払に係る債務不履行の原因が当該地方公共団体の属する国の外貨準備高の不足によるものであることが明らかなときは、当該地方公共団体に対する金銭債権については、この限りでない。（平10年課法2－7「十五」により追加、平14年課法2－1「二十六」、平22年課法2－1「二十三」、平23年課法2－17「二十四」、平24年課法2－17「二」により改正）
(1)　債務者たる外国の政府、中央銀行及び地方公共団体（以下11－2－15までにおいて「公的債務者」という。）に対して有する金銭債権につき債務不履行が生じたため、当該公的債務者との間の金銭債権に係る契約において定められているところに従い、当該法人が当該公的債務者に対して債務不履行宣言を行った場合で、次に掲げる要件の全てを満たすとき　当該公的債務者に対して有する金銭債権の額
　イ　当該債務不履行宣言を行った日以後その事業年度終了の日までの間において、当該債務不履行の状態が継続し、かつ、当該法人が、当該公的債務者に対する融資又は当該公的債務者との間で金銭債権に係る債務の履行期限の延長に関する契約の締結若しくは物品販売等の取引を行っていないこと。
　ロ　その事業年度終了の日において、当該法人が、当該公的債務者に対する融資又は当該公的債務者との間で金銭債権に係る債務の履行期限の延長に関する契約の締結若しくは物品販売等の取引を行う具体的な計画を有していないこと。
　　（注）1　債務不履行宣言とは、債務者に対する金銭債権につき債務不履行が生じた場合に、当該金銭債権に係る期限の利益の喪失を目的として債権者が行う宣言をいう。
　　　　　2　当該法人以外の者が外国の公的債務者に対して債務不履行宣言を行った場合において、当該債務不履行宣言の効果が当該法人に及ぶことが金銭債権に係る契約書において定められているときであっても、当該法人の当該公的債務者に対して有する金銭債権につき債務不履行が生じていないときは、同号に掲げる事由に該当しないことに留意する。
(2)　外国の公的債務者が次に掲げる全ての要件を満たす場合　当該公的債務者に対して有する金銭債権のうち元本等の返済及び利息等の支払に係る債務不履行の期間（当該金銭債権が適格組織再編成により移転を受けたものである場合にあっては、当該適格組織再編成に係る被合併法人、分割法人、現物出資法人又は現物分配法人にお

参考資料

ける債務不履行の期間を含む。）がその事業年度終了の日以前3年以上の期間にわたっているものの金額
　イ　その事業年度終了の日以前3年間（以下11－2－14において「期末以前3年間」という。）において、当該公的債務者に対する金銭債権につき元本等の返済及び利息等の支払がないこと。
　ロ　当該法人（その金銭債権が適格組織再編成により移転を受けたものである場合にあっては、当該適格組織再編成に係る被合併法人、分割法人、現物出資法人又は現物分配法人を含む。）が、期末以前3年間において、当該公的債務者に対する融資又は当該公的債務者との間で金銭債権に係る債務の履行期限の延長に関する契約の締結若しくは物品販売等の取引を行っていないこと。
　ハ　その事業年度終了の日において、当該法人が、当該公的債務者に対する融資又は当該公的債務者との間で金銭債権に係る債務の履行期限の延長に関する契約の締結若しくは物品販売等の取引を行う具体的な計画を有していないこと。

（取立て等の見込みがあると認められる部分の金額）
11－2－15　令第96条第1項第4号括弧書に規定する「取立て等の見込みがあると認められる部分の金額」とは、次に掲げる金額をいう。（平10年課法2－7「十五」により追加、平10年課法2－17「六」、平14年課法2－1「二十六」、平23年課法2－17「二十四」、平24年課法2－17「二」により改正）
(1) 当該金銭債権につき他の者（当該法人の当該他の者に対する金銭債権につき債務不履行が生じている者を除く。以下(4)において同じ。）により債務の保証が付されている場合の当該保証が付されている部分に相当する金額
(2) 当該金銭債権につき債務の履行不能によって生ずる損失をてん補する保険が付されている場合の当該保険が付されている部分に相当する金額
(3) 当該金銭債権につき質権、抵当権、所有権留保等によって担保されている場合の当該担保されている部分の金額
(4) 当該公的債務者から他の者が振り出した手形（当該公的債務者の振り出した手形で他の者の引き受けたものを含む。）を受け取っている場合のその手形の金額に相当する金額等実質的に債権と認められない金額

租税特別措置法（抄）・租税特別措置法施行令（抄）

租税特別措置法（抄）（最終改正日：平成31年3月29日）

（中小企業者等の貸倒引当金の特例）
第57条の9　法人で各事業年度終了の時において法人税法第52条第1項第1号イからハまでに掲げる法人（保険業法に規定する相互会社及びこれに準ずるものとして政令で定めるものを除く。次項において「中小企業者等」という。）に該当するもの（同号イに掲げる法人に該当するもの（次項において「中小法人」という。）にあつては、第42条の4第8項第8号に規定する適用除外事業者（次項において「適用除外事業者」という。）に該当するものを除く。）が法人税法第52条第2項の規定の適用を受ける場合には、同項の規定にかかわらず、当該事業年度終了の時における同項に規定する一括評価金銭債権（当該法人が当該法人との間に連結完全支配関係がある連結法人に対して有する金銭債権を除く。次項において同じ。）の帳簿価額（政令で定める金銭債権にあつては、政令で定める金額を控除した残額。次項において同じ。）の合計額に政令で定める割合を乗じて計算した金額をもつて、同条第2項に規定する政令で定めるところにより計算した金額とすることができる。

2　法人で法人税法第52条第6項に規定する適格分割等の直前の時を事業年度終了の時とした場合に中小企業者等に該当するもの（中小法人にあつては、適用除外事業者に該当するものを除く。）が同項の規定の適用を受ける場合には、同項の規定にかかわらず、当該適格分割等の直前の時における当該適格分割等により移転する一括評価金銭債権の帳簿価額の合計額に政令で定める割合を乗じて計算した金額をもつて、同項に規定する一括貸倒引当金繰入限度額に相当する金額とすることができる。

租税特別措置法施行令（抄）（最終改正日：平成31年3月29日）

（中小企業者等の貸倒引当金の特例）
第33条の7　法第57条の9第1項に規定する相互会社に準ずるものとして政令で定めるものは、保険業法第2条第10項に規定する外国相互会社とする。

2　法第57条の9第1項に規定する政令で定める金銭債権は、その債務者から受け入れた金額があるためその全部又は一部が実質的に債権とみられない金銭債権とし、同項に規定する政令で定める金額は、その債権とみられない部分の金額に相当する金額とする。

3　平成27年4月1日に存する法人（同日後に行われる適格合併に係る合併法人にあつては、当該法人及び当該適格合併に係る被合併法人の全て（当該適格合併が法人を設立する合併である場合にあつては、当該適格合併に係る被合併法人の全て）が同日に存していた合併法人に限る。）は、前項の規定にかかわらず、法第57条の9第1項に規定する政令で定める金銭債権は第1号に掲げる金銭債権とし、同項に規定する政令で定める金額は第2号に掲げる金額とすることができる。
　一　当該法人の当該事業年度終了の時における法第57条の9第1項の一括評価金銭債権（次号において「一括評価金銭債権」という。）の全て
　二　当該法人の当該事業年度終了の時における一括評価金銭債権の額に、平成27年4

参考資料

月1日から平成29年3月31日までの期間内に開始した各事業年度（当該期間内に開始した事業年度が連結事業年度に該当する場合には、当該期間内に開始した連結事業年度）終了の時における一括評価金銭債権の額の合計額（平成27年4月1日後に行われる適格合併に係る合併法人については、当該各事業年度終了の時において当該合併法人及び当該適格合併に係る被合併法人がそれぞれ有していた一括評価金銭債権の額の合計額）のうちに当該各事業年度終了の時における前項に規定する債権とみられない部分の金額の合計額の占める割合（当該割合に小数点以下3位未満の端数があるときは、これを切り捨てる。）を乗じて計算した金額

4 法第57条の9第1項及び第2項に規定する政令で定める割合は、これらの規定の法人の営む主たる事業が次の各号に掲げる事業のいずれに該当するかに応じ当該各号に定める割合とする。
 一 卸売及び小売業（飲食店業及び料理店業を含むものとし、第4号に掲げる割賦販売小売業を除く。）1000分の10
 二 製造業（電気業、ガス業、熱供給業、水道業及び修理業を含む。）1000分の8
 三 金融及び保険業　1000分の3
 四 割賦販売小売業（割賦販売法第2条第1項第1号に規定する割賦販売の方法により行う小売業をいう。）並びに包括信用購入あつせん業（同条第3項に規定する包括信用購入あつせん（同項第1号に掲げるものに限る。）を行う事業をいう。）及び個別信用購入あつせん業（同条第4項に規定する個別信用購入あつせんを行う事業をいう。）1000分の13
 五 前各号に掲げる事業以外の事業　1000分の6

個別通達（抄）

直審4－35
昭和53年11月8日

国税局長　殿
沖縄国税事務所長　殿
国税不服審判所長　殿

国税庁長官

いわゆる銀行系のクレジット・カード業者における貸倒引当金の繰入率について

　いわゆるクレジット・カード業（チケット又はクレジット・カードを発行し、会員が加盟店から物品等を購入することについてあっせんを行う事業をいう。）のうち、割賦販売法第2条第5項《定義》に規定する割賦購入あっせんの事業に該当するものについては、法人税基本通達11－2－13《割賦購入あっせん業の繰入率》により、貸倒引当金の計算上、法人税法施行令第97条第4号《繰入限度額》に掲げる「前三号に掲げる事業以

外の事業」に当たるものとして取扱っているのであるが、いわゆる銀行系のクレジット・カード業のように割賦購入あっせん業に該当しないクレジット・カード業についてもこれに準じて取扱うこととしたから、今後処理するものからこれによられたい。

文書回答事例リスト（貸倒損失関係）

・特定調停スキーム（廃業支援型）に基づき債権放棄が行われた場合の税務上の取扱いについて（国税庁・平成30年6月4日）
・RCCが貸付債権信託を活用して金融債権者等間調整を行う企業再生において「RCC企業再生スキームⅡ」に従って策定された再生計画により金融機関等が債務免除等を行った場合の税務上の取扱いについて（照会）（国税庁・平成29年6月28日）
・改定後の「中小企業再生支援スキーム」に従って策定された再生計画に基づき産業復興機構の組合財産である債権の債務者が債務免除を受けた場合の税務上の取扱いについて（国税庁・平成28年6月6日）
・地域経済活性化支援機構が行う特定支援業務に基づき作成された弁済計画に従い債権放棄が行われた場合の課税関係について（国税庁・平成28年6月1日）
・「自然災害による被災者の債務整理に関するガイドライン」に基づき作成された調停条項に従い債権放棄が行われた場合の課税関係について（国税庁・平成28年1月15日）
・中小企業再生支援全国本部の支援により「中小企業再生支援スキーム」に従って策定された再生計画に基づき債権放棄等が行われた場合の税務上の取扱いについて（国税庁・平成27年3月30日）
・特定調停スキームに基づき策定された再建計画により債権放棄が行われた場合の税務上の取扱いについて（国税庁・平成26年6月27日）
・株式会社地域経済活性化支援機構が買取決定等を行った債権の債務者に係る事業再生計画に基づき債権放棄等が行われた場合の税務上の取扱いについて（国税庁・平成26年6月26日）
・「中小企業再生支援協議会の支援による再生計画の策定手順（再生計画検討委員会が再生計画案の調査・報告を行う場合）」に従って策定された再生計画により債務免除等が行われた場合の税務上の取扱いについて（国税庁・平成26年6月20日）
・株式会社東日本大震災事業者再生支援機構が買取決定等を行った債権の債務者に係る事業再生計画に基づき債権放棄等が行われた場合の税務上の取扱いについて（国税庁・平成25年6月26日）
・株式会社地域経済活性化支援機構が買取決定等を行った債権の債務者に係る事業再生計画に基づき債権放棄等が行われた場合の税務上の取扱いについて（国税庁・平成25年6月25日）
・株式会社企業再生支援機構が買取決定等を行った債権の債務者に係る事業再生計画に基づき債権放棄等が行われた場合の税務上の取扱いについて（国税庁・平成21年11月6日）
・特定認証紛争解決手続に従って策定された事業再生計画により債権放棄等が行われた場合の税務上の取扱いについて（国税庁・平成20年3月28日）

参考資料

- 「RCC企業再生スキーム」に基づき策定された再生計画により債権放棄等が行われた場合の債務者側の税務上の取扱いについて（国税庁・平成17年8月26日）
- 「RCC企業再生スキーム」に基づき策定された再生計画により債権放棄等が行われた場合の税務上の取扱いについて（国税庁・平成16年3月24日）
- 中小企業再生支援協議会で策定を支援した再建計画（A社及びB社のモデルケース）に基づき債権放棄が行われた場合の税務上の取扱いについて（国税庁・平成15年7月31日）
- 「私的整理に関するガイドライン」に基づき策定された再建計画により債権放棄等が行われた場合の税務上の取扱いについて（国税庁・平成13年9月26日）

〈参考文献等〉

鈴木博　編「法人税重要項目詳解」（大蔵財務協会）
若林孝三　他共編「実例問答式交際費の税務」（大蔵財務協会）
鈴木博　他編「実例問答式寄附金の税務」（大蔵財務協会）
中村慈美　著「不良債権処理と再生の税務」（大蔵財務協会）
佐藤友一郎　編著「法人税基本通達逐条解説」（税務研究会出版局）
若林孝三　他共著「こんなときどうする交際費・寄附金の税務Q&A」（第一法規）
武田昌輔　他編著「会社税務釈義」（第一法規）
税務懇話会照会事例（税務研究会・税研情報センター）

【著者略歴】

鈴木　博（すずき　ひろし）

東北大学法学部卒業、国税庁課税部審理室課長補佐、税務大学校教授、東京地方裁判所裁判所調査官、佐久税務署長、東京国税局課税一部主任訟務官、同部審理課長、東京国税不服審判所部長審判官、東京国税局総務部税務相談室長、千葉東税務署長を経て退官。税理士

本書の内容に関するご質問は、ファクシミリ等、文書で編集部宛にお願い致します。(fax 03-6777-3483)
　なお、個別のご相談は受け付けておりません。

　本書刊行後に追加・修正事項がある場合は、随時、当社のホームページにてお知らせ致します。

ケーススタディでみる　貸倒損失の税務

令和元年10月 3 日　初版第一刷印刷
令和元年10月10日　初版第一刷発行

（著者承認検印省略）

Ⓒ　著　者　鈴　木　　博

発行所　税 務 研 究 会 出 版 局

週刊「税務通信」「経営財務」発行所

代表者　山　根　　毅

郵便番号 100-0005
東京都千代田区丸の内 1-8-2 鉄鋼ビルディング
振替 00160-3-76223
電話〔書　籍　編　集〕03（6777）3463
　　〔書　店　専　用〕03（6777）3466
　　〔書　籍　注　文〕
　　（お客さまサービスセンター）03（6777）3450

―――― 各事業所　電話番号一覧 ――――
北海道 011（221）8348　　神奈川 045（263）2822　　中　国 082（243）3720
東　北 022（222）3858　　中　部 052（261）0381　　九　州 092（721）0644
関　信 048（647）5544　　関　西 06（6943）2251

＜税研ホームページ＞　https://www.zeiken.co.jp

乱丁・落丁の場合は、お取替え致します。　　　印刷・製本　東日本印刷株式会社

ISBN 978-4-7931-2442-6